FORMAS APROBADAS POR RR. HH. PARA DECIR COSAS QUE NO PUEDO DECIR EN VOZ ALTA EN EL TRABAJO

UPGRADED BOOKS

Derechos de autor © 2025 por Upgraded Books

Todos los derechos reservados.

Ninguna parte de este libro puede ser reproducida de ninguna forma o por ningún medio electrónico o mecánico, incluyendo sistemas de almacenamiento y recuperación de información, sin el permiso por escrito del autor, excepto en el caso de citas breves en una reseña de libro.

NOTA DE RECURSOS HUMANOS

A nuestro dedicado empleado,

Aquí en Recursos Humanos nos preocupamos profundamente por tu bienestar mental (y, seamos honestos, también nos gustaría evitar una alta tasa de rotación si es posible). Sé que trabajar aquí incluye una buena dosis de desafíos, así que, como un pequeño gesto de apoyo, te regalamos este libro para ayudarte en esos momentos inevitables en los que sientes que necesitas desahogarte.

Considera este libro como un espacio seguro para las cosas que realmente quieres decir (gritar), pero que probablemente no deberías. Dentro encontrarás alternativas aprobadas por Recursos Humanos que te permitirán mantener tu empleo (con suerte), proyectar una imagen de profesionalismo y evitar reuniones incómodas con nosotros —aunque nos encanta verte—. Bueno, después de un café o dos... y dependiendo de nuestro humor ese día.

Disfruta, ríe y recurre a estas páginas tantas veces como necesites para mantener un poco de cordura.

Feliz lectura,

Karen de Recursos Humanos

1

DÉJAME CONSULTAR CON MI EQUIPO Y TE RESPONDO

Lo que realmente quieres decir:

¡No, imbécil!

Alternativa aprobada por RR. HH.:

Déjame consultar con mi equipo y te respondo.

Escenario:

Es viernes, 4:57 p. m. Ya te has desconectado mentalmente. Tu bolso está listo, tu abrigo está en el respaldo de tu silla y lo único que te separa de un merecido fin de semana es hacer clic en *Apagar* en tu laptop.

Es entonces cuando suena tu correo electrónico.

. . .

¡Oh no!

Miras al remitente. Es Jax, de la alta gerencia. El hombre nunca ha respondido un correo a tiempo *en su vida y,* sin embargo, ha elegido este momento exacto —tres minutos antes del fin de semana— para arruinarte el tuyo.

Dudas. Puede que, si no lo abres, no existe.

Pero la notificación aparece de nuevo. Sí, es Jax:

«Oye, ¿hay alguna posibilidad de que prepares un análisis rápido de tendencias del mercado para la reunión de liderazgo del lunes? No debería tomarte mucho tiempo, solo necesito unas cuantas diapositivas con algunos puntos clave. ¡Gracias!».

¿¡No debería tomarte mucho tiempo!? Esto es un informe de datos de 30 páginas sobre un proyecto en el que ni siquiera participaste. Jax, por supuesto, estuvo involucrado, pero pasó cada reunión asintiendo y diciendo "Solo lo menciono..." antes de decir algo completamente inútil.

Miras el correo, la rabia burbujeando dentro de ti. Tus dedos se ciernen sobre el teclado, tentados a escribir:

. . .

¡NO, IMBÉCIL!

Incluso podrías agregar: *¿Acaso parezco un hada de PowerPoint que puede conjurar análisis de datos de la nada? ¡Es viernes, Jax! VETE A CASA.*

Pero te gusta tener trabajo, así que respiras hondo... y escribes:

«Déjame consultar con mi equipo y te respondo».

En tu cabeza: *Definitivamente no voy a consultar con mi equipo. Mi equipo ya está en el happy hour. Mi equipo está en su tercera margarita. Mi equipo no existe en este momento.*

Jax responde de inmediato:

«¡Oh, genial, de verdad lo agradezco! ¡Que tengas un buen fin de semana!».

Miras fijamente la pantalla.

Oh, sí que tendré un buen fin de semana, porque no voy a hacer esta presentación hasta el lunes por la mañana, exactamente a las 8:59 a. m.

. . .

Cierras tu laptop.

Las margaritas están llamando.

2: EN ARAS DE LA TRANSPARENCIA

Lo que realmente quieres decir:

¡Saquemos esta mierda a la luz!

Alternativa aprobada por Recursos Humanos:

En aras de la transparencia...

Escenario:

Es lunes por la mañana y estás sentado en otra reunión muy importante que, sin duda, el 100 % de la información pudo haber sido enviada por correo electrónico. ¿El tema? Por qué el despliegue del nuevo sistema de inventario está atrasado.

¿La razón? Ah, todos en la sala ya la saben, pero nadie está dispuesto a decirla en voz alta.

Karen, tu gerente de proyecto(que de alguna manera consiguió este puesto de liderazgo a pesar de nunca haber liderado nada), se aclara la garganta y comienza:

—Entonces, equipo... ¿Alguien tiene alguna idea de por qué estamos experimentando estos retrasos?

Hay silencio y miradas incómodas, pero nadie responde.

Miras a tu alrededor. Ah, todos sabemos por qué.

Tal vez sea porque el proyecto se le asignó a Dave, cuya ética laboral es tan cuestionable como su historial de navegación. Tal vez sea porque la alta gerencia ha cambiado el alcance del proyecto cinco veces en las últimas dos semanas. O tal vez —solo tal vez— sea porque Karen pasó tres semanas "trabajando" en una decisión que debió tomarle cinco minutos.

Tu paciencia se está agotando. Cada fibra de tu ser quiere golpear la mesa y gritar:

—¡Saquemos esta mierda a la luz!

Pero la etiqueta corporativa exige algo... más suave. Así que, en lugar de eso, pones tu mejor cara de "me-importa-mucho-esto" y dices:

—En aras de la transparencia, creo que sería útil abordar algunos de los desafíos recurrentes que hemos estado enfrentando.

3. TOMEMOS UNA VISIÓN GENERAL

Lo que realmente quieres decir:

No tengo ni la más mínima idea de lo que estoy hablando.

Alternativa aprobada por RR. HH.:

Tomemos una visión general.

Escenario:

Estás en una reunión para la que definitivamente deberías haberte preparado.

Quizá sea porque la invitación se envió a las 10 p. m. de anoche sin ningún contexto.

Quizá sea porque el tema ha cambiado tres veces y nadie sabe de qué se está hablando realmente.

O quizá sea porque simplemente no te importa.

De cualquier manera, estás ahí sentada, asintiendo como si entendieras, esperando que nadie te haga una pregunta directa.

Entonces sucede:

Tu supervisora, Linda, se dirige a ti y pregunta:

—Entonces, Ruth, ¿qué opinas sobre la implementación de soluciones escalables?

Tu alma abandona tu cuerpo.

Linda bien podría haberte pedido que explicaras la física cuántica en suajili.

Podrías tener semanas para prepararte y, aun así, no tener ni idea de lo que está pasando.

¿Pero ahora? Ahora mismo, no tienes nada.

Ni idea. Ni estrategia. Ni plan.

Solo pánico puro y sin filtrar.

Empiezas a balbucear, sabiendo muy bien que estás diciendo tonterías… y la mitad de las personas en la sala también lo saben.

Entonces Melissa, queriendo ponerte en evidencia por tu mentira, te pone en aprietos:

—Eso es interesante. ¿Podrías profundizar más en la última parte?

Brevemente consideras ser honesta y decir:

No tengo ni la más mínima idea de lo que estoy hablando.

Pero también disfrutas de cosas como, digamos... comprar víveres para tu familia y poder pagar la renta.

Así que, en lugar de eso, inhalas, juntas las manos como si tuvieras todo bajo control y dices:

—Tomemos una visión general aquí y consideremos realmente las implicaciones de aprovechar soluciones escalables. Puedo volver a tocar el tema después de involucrar a los actores clave.

Tu supervisora y todos los demás en la reunión asienten pensativos. Mentalmente te das una palmadita en el hombro.

Vivirás para luchar otro día.

4. CON TODO RESPETO

Lo que realmente quieres decir:

¡Vete al diablo, idiota!

Alternativa aprobada por RR. HH.:

Con todo respeto.

Escenario:

Es un martes por la tarde como cualquier otro, y solo intentas ocuparte de tus asuntos, como ponerte al día con los correos electrónicos, o a lo mejor fingir que trabajas mientras navegas en tu teléfono.

Mantener la vida tranquila, ¿sabes?

Entonces, de la nada, aparece una notificación en tu pantalla.

Es Chad de Marketing.

Chad, cuyo trabajo parece consistir en no hacer absolutamente nada hasta el último minuto y luego, de alguna manera, hacer que todo sea tu problema.

Te dice:

«¡Hola! Una cosita rápida:

¿Podrías hacer una revisión rápida de los gráficos para toda la campaña de redes sociales? El cliente envió las nuevas pautas de marca hace dos semanas y se me olvidó por completo decírtelo. ¡Mi culpa! Pero ya les dije que tendríamos los diseños actualizados para el final del día, así que mejor cumplimos con la fecha límite.

¡Gracias!».

Parpadeas.

¿Hace dos semanas?

¿La campaña en la que pasaste *horas* perfeccionando?

¿La que Chad debía revisar, pero en su lugar pasó ese tiempo debatiendo apasionadamente si un hot dog es un sándwich?

Revisas la hora. Son las 4:45 p. m.

Tu mano tiembla.

Te invade una repentina necesidad de escribir:

4. Con todo respeto

¡Vete al diablo, idiota! —y podrías agregar— ¡Y llévate tus inútiles habilidades de marketing contigo!

Pero, desafortunadamente, RR. HH. tiene esa extraña política de "no agredir verbalmente a los compañeros de trabajo".

Así que, en su lugar, inhalas lentamente, exhalas aún más lento y escribes:

«Con todo respeto, Chad, esta es la primera vez que escucho sobre esta solicitud. Dado el plazo, puede que no pueda cumplirla».

Lo cual, por supuesto, se traduce en: *Has tenido estas nuevas pautas de marca durante dos semanas, Chad. ¡DOS SEMANAS! Y en lugar de decírmelo en un momento normal y razonable, como un adulto competente, te las guardaste hasta el último segundo y ahora lo conviertes en mi problema. A partir de ahora, te ignoraré hasta nuevo aviso.*

Chad, siendo Chad, no capta en absoluto la agresividad pasiva y responde:

«¡Oh, eres el mejor! ¡Te lo agradezco!».

Fijas la mirada en la pantalla.

Una ira profunda y oscura se agita dentro de ti y cierras tu laptop, pensando en lo mucho que necesitas un trago.

5. TE MANTENDRÉ AL TANTO

Lo que realmente quieres decir:

Deja de fastidiarme todo el tiempo.

Alternativa aprobada por RR. HH.:

Te mantendré al tanto.

Escenario:

Es mediodía y finalmente estás en la zona. Tu bandeja de entrada está (más o menos) bajo control, has completado algunas tareas y, por primera vez en el día, te sientes mínimamente productivo. Piensas que tal vez —solo tal vez— lograrás pasar la tarde sin interrupciones.

Entonces, Lisa de Contabilidad te escribe:

«Hola, solo quería ver cómo van las proyecciones actualizadas del presupuesto».

Miras la hora. Han pasado 45 minutos desde la última vez que preguntó. Y no, la respuesta no ha cambiado desde entonces.

Así que haces lo más maduro: ignorarla.

Pasan cinco minutos y... es Lisa:

«Hola, solo quería volver a preguntar sobre esto».

Te frotas las sienes. ¿Volver a preguntar? Lisa no tiene nada sobre qué volver a preguntar. ¡El círculo ni siquiera se formó porque el equipo de finanzas aún no te ha enviado los números!

Respiras hondo, pensando que, si no respondes, ella captará la indirecta.

Pero tres minutos después, otra vez Lisa.

«No sé si mi último mensaje llegó. Solo quería seguirle el rastro».

Tu ojo tiembla y aprietas la mandíbula. Ahora entiendes por qué algunas personas renuncian a sus trabajos para vivir en el bosque.

Lo que quieres decir: *¡DEJA DE FASTIDIARME TODO EL TIEMPO!*

Como añadido:

¡Lisa, si tuviera los números, lo sabrías, porque te los habría enviado en un correo con una hoja de cálculo y un asunto que

dijera: "PROYECCIONES ACTUALIZADAS DEL PRESUPUESTO"!

Pero en su lugar, simplemente escribes:

«Te mantendré al tanto».

Y Lisa, sin captar la indirecta, responde de inmediato:

«¡Genial, gracias! ¡Avísame en cuanto tengas algo!».

Te quedas sentado pensando: ¡Idiota! Pero bueno, al menos te has comprado algo de tiempo.

6. VAMOS A SIMPLIFICAR LAS COSAS

Lo que realmente quieres decir:

Es hora de hacer esto a prueba de tontos en vista de que sigues equivocándote.

Alternativa aprobada por RR. HH.:

Vamos a simplificar las cosas.

Escenario:

Han pasado semanas. Semanas intentando corregir el mismo error una y otra vez.

Lo has explicado en reuniones, has enviado correos electrónicos paso a paso, incluso hiciste un video tutorial rápido porque pensaste: *Oye, es posible que verlo en acción ayude.*

Pero aquí estás, una vez más.

Kyle de Marketing está de vuelta.

Y, sorpresa, sorpresa: ha logrado equivocarse en lo mismo por enésima vez.

Así es Kyle, después de todo, el tipo que de alguna manera ha convertido un proceso simple de tres pasos en un desastre corporativo continuo. Kyle, que encuentra nuevas formas de arruinar la misma tarea cada vez.

Hoy de nuevo toca enviar informes.

Kyle: ¡Oye! Creo que el sistema no está funcionando.

Ya sabes a dónde va esto, pero como un adulto responsable, preguntas de todos modos.

Tal vez, solo tal vez, en esta ocasión Kyle lo habría entendido.

Tú: ¿Cuál es el problema?

Kyle: No me deja enviar mi informe.

Respiras hondo, te preparas mentalmente para lo peor y respondes:

Tú: ¿Seguiste los pasos que te envié?

Kyle: ¡Sí!

Tú: ¿Todos?

6. Vamos a simplificar las cosas

Hay silencio al otro lado. Y entonces...

Kyle: Eh... ¿la mayoría?

Cierras los ojos y cuentas hasta 10, recordándote que estar independientemente en quiebra no es tan glamoroso como suena. Luego, abres el archivo que subió. Y, por supuesto, es un desastre total.

Al informe le faltan secciones enteras, el formato parece hecho por un niño pequeño y, por alguna razón desconocida, hay una foto aleatoria de un perro en medio de un gráfico.

Esa es probablemente la razón por la que el sistema está rechazando la carga de Kyle.

Miras fijamente la pantalla. *¿Kyle está bien? ¿Será un artista de performance en secreto y esto es algún tipo de broma elaborada para hacerme cuestionar todas mis decisiones en la vida?*

Tus dedos arden por escribir:

Es hora de hacer esto a prueba de idiotas ya que sigues cometiendo errores.

Pero sabes que es mejor no hacerlo.

Así que, en su lugar, te tomas unos segundos para calmarte y escribes:

«Bien, vamos a simplificar un poco las cosas para que el proceso sea más sencillo y fácil de seguir. De esta manera, todos sabrán exactamente qué hacer y podremos evitar errores».

El clavo final en el ataúd llega con la respuesta de Kyle:

«¡Genial! ¡Estoy ansioso por verlo!».

Cierras tu laptop.

Es demasiado temprano para un trago, pero ¡oye, no es demasiado temprano para empezar a reconsiderar cada decisión que te llevó a este punto!

7. DEJEMOS ESTO POR EL MOMENTO

Lo que realmente quieres decir:

Ahora no. Déjame en paz.

Alternativa aprobada por RR. HH.:

Dejemos esto por el momento.

Escenario:

Estás ahogado en trabajo.

Tu bandeja de entrada es una pesadilla, tu lista de tareas es más larga que una factura de supermercado y estás a un pequeño inconveniente de tener un colapso total.

¿Por qué? Porque tienes una fecha límite en dos horas.

Tus dedos vuelan sobre el teclado, tu cerebro está concentrado al máximo y, por una vez, sientes que realmente estás avanzando.

Y entonces...

Aparece Stephanie.

Stephanie, del departamento de "No tengo sentido del tiempo".

Stephanie, que tiene un sexto sentido para interrumpirte en el peor momento posible.

Stephanie, que parece creer que si no te hace esta pregunta justo en este instante, toda la empresa podría colapsar.

Se materializa junto a tu escritorio como una especie de fantasma corporativo, su rostro iluminado por una idea que definitivamente podía esperar.

—¡Oye! ¿Tienes un momento?

No, no tienes un momento.

Ni siquiera tienes *medio* momento.

Pero Stephanie ya ha arrimado una silla, acomodándose como en casa.

Continúa: —Estaba pensando en esa encuesta de satisfacción del cliente que discutimos hace tres semanas...

Ah, sí. La encuesta de satisfacción del cliente.

La encuesta que no vence hasta dentro de un mes.

7. Dejemos esto por el momento

La encuesta que ya estaba finalizada y enviada a los líderes para su aprobación.

La encuesta que Stephanie de repente quiere "rehacer" porque acaba de decidir que quizá la combinación de colores debería ser "más acogedora".

Mientras tanto, el correo electrónico que *realmente* necesitas enviar está ahí, a medio escribir, gritando por tu atención.

Quieres decir: "Ahora no. Déjame en paz".

En cambio, fuerzas una sonrisa tan fuerte que duele y dices:

—Vamos a dejarlo por el momento y lo revisaremos una vez que tenga un poco más de tiempo para darle la atención que merece.

Te muerdes la lengua cuando Stephanie, completamente ajena, asiente con entusiasmo y añade:

—¡Oh, sí, claro! Más tarde voy a revisar de nuevo.

La ves alejarse, mientras planeas tu próxima ruta de escape, sabiendo muy bien que esto no ha terminado.

8. ¿PUEDES ACLARAR TU COMPRENSIÓN DE LO QUE ACABAMOS DE DISCUTIR?

Lo que realmente quieres decir:

¿Escuchaste algo de lo que acabo de decir?

Alternativa aprobada por RR. HH.:

¿Puedes compartir tu comprensión de lo que acabamos de discutir?

Escenario:

Ha sido una reunión larga; tan larga que tu café se ha enfriado, tu pie se ha dormido y empiezas a preguntarte si el tiempo realmente existe. Acabas de pasar 10 minutos explicando algo que debería haber tomado 30 segundos, no porque seas malo explicando, sino porque tuviste que repetirlo tres veces de tres maneras diferentes. Primero, verificaste si todos entendían. Luego, preguntaste si estaban claros. ¡Y además incluiste un ejemplo relacionado, por si acaso! En fin, te sentías bastante bien al respecto. Hasta que...

8. ¿Puedes aclarar tu comprensión de lo que acabamos de...

Greg.

Greg, quien ha estado asintiendo con entusiasmo todo el tiempo. El mismo Greg que ha estado poniendo caras de "lo entiendo perfectamente" mientras hablabas. Y, sin embargo, la mano levantada en la sala es la suya, acompañada de la elocuente pregunta:

—Espera... entonces, ¿qué se supone que debemos hacer exactamente?

La sala queda en completo silencio. Parpadeas. Una vez. Dos veces. Miras a Greg preguntándote si hay una cámara oculta grabando en algún lugar y si todos están en el set de *Trigger Happy TV*.

Quieres decir: —¿Escuchaste una sola palabra de lo que acabo de decir? O, mejor aún: —Greg, amigo, compadre, mi pana... ¿estabas siquiera *AQUÍ* hace un momento? ¿Físicamente? ¿*Mentalmente*? ¿*Espiritualmente*?

Pero eso sería mal visto, así que, en cambio, mantienes la voz calmada, pones tu mejor cara de "profesional paciente" y dices:

—Bien, Greg, antes de responder, ¿puedes compartir tu comprensión de lo que acabamos de discutir?

Le lanzas una mirada de reojo que literalmente grita: *¡Te estoy dando una última oportunidad para demostrar que, de hecho, estuviste presente en esta reunión y no mentalmente en una playa en algún lugar!*, esperando que capte el mensaje. En cambio, Greg, todavía confundido, entrecierra los ojos hacia la pizarra, luego hacia sus notas y finalmente hacia ti, y dice:

—Ehh... sí, entonces... quieres que... hagamos la cosa, ¿no?

Exhalas lentamente. Todos los demás evitan el contacto visual porque ellos también han perdido las ganas de vivir. Pero tú, tú eres un profesional. Asientes, pones una sonrisa que no llega a tus ojos y dices:

—Sí, Greg. Haz la cosa.

9. ESTÁ EN MI HOJA DE RUTA

Lo que realmente quieres decir:

¡Sobre mi cadáver, imbécil!

Alternativa aprobada por RR. HH.:

Está en mi hoja de ruta.

Escenario:

Es lunes por la mañana, acabas de llegar a la oficina y apenas has tenido tiempo de quitarte el abrigo cuando una notificación de correo electrónico aparece en tu pantalla.

El asunto: «*¡Un favor rápido!*».

Ya lo sabes. Nada bueno sigue a un "favor rápido". Con un suspiro profundo, abres el correo y, sí, es peor de lo que esperabas.

Es de Olivia, del departamento de Compras.

Olivia, que de alguna manera tiene energía antes de las 8 a. m.

Olivia, que nunca ha encontrado una tarea que no pueda delegar.

Olivia, que usa el término "esfuerzo de equipo" cuando en realidad quiere decir "*tu* esfuerzo".

«¡*Hola! ¡Espero que hayas tenido un fin de semana relajante!*». (No lo tuviste).

«*Solo una cosita rápida: ¿Puedes tomar la iniciativa de limpiar la base de datos de contratos de proveedores? Está un poco desordenada. ¡Solo necesita una reorganización rápida!*

No debería tomar mucho tiempo, básicamente solo revisar más de 500 contratos, actualizar fechas de vencimiento, marcar proveedores duplicados y hacer una hoja de cálculo maestra con términos clave como plazos de pago, cláusulas de penalización y condiciones de renovación.

Fácil, ¿verdad? No hay prisa, ¡pero me encantaría tenerlo listo para el viernes! ¡¡¡Muchas gracias!!!».

Miras fijamente la pantalla, luego la lees de nuevo lentamente.

Olivia acaba de pedirte casualmente que te adentres en todo un laberinto de contratos obsoletos, muchos de los cuales probablemente fueron escritos en 2007 por alguien que ya no trabaja aquí.

Y de alguna manera, ella cree que es una tarea rápida.

Tu primer instinto:

Escribir: «*¡Sobre mi cadáver, idiota!*».

Pero, ay, tienes cuentas que pagar. Así que simplemente escribes:

«Está en mi hoja de ruta».

Con suerte, Olivia entenderá el mensaje.

Con suerte, incluso entenderá que no tienes la menor intención de hacer esto pronto, o quizá nunca.

¿Pero lo hace? ¿De verdad?

¡Claro que no! Porque dos minutos después, te responde:

«¡Dios mío, eres la mejor! ¡Tengo un *presentimiento* de que esto va a ser increíble!».

Te recuestas y comienzas a calcular mentalmente cuánto costaría renunciar a tu trabajo y abrir un puesto de smoothies junto a la playa.

10. REALMENTE APRECIO TU APORTE

Lo que realmente quieres decir:

A nadie le importa lo que piensas.

Alternativa aprobada por RR. HH.:

Realmente aprecio tu aporte.

Escenario:

Es viernes por la tarde. Sobreviviste a la semana. Tus días transcurrieron a través de correos electrónicos, reuniones y la lenta muerte de tu motivación. Ahora estás en la última reunión antes de la libertad. Han sido tres horas revisando la nueva guía de incorporación de clientes de la empresa, en la que trabajaste arduamente durante semanas.

En este punto, lo único que te mantiene despierto es el sueño de saltar de tu silla y salir corriendo del edificio, y no pensar en esto de nuevo, al menos hasta el lunes. Estás mirando el reloj, empacando mentalmente tu bolso, esperando que tu jefe diga "Bueno, terminemos con esto" y serás libre.

Sin embargo, parece que Tad, quien ni siquiera estaba en la invitación original pero que de alguna manera apareció mágicamente, tiene otros planes para ti. Se inclina hacia adelante, se aclara la garganta y dice:

—De hecho, tengo algunas ideas sobre cómo Riley podría mejorar esto.

Tu estómago se hunde. Tus ojos se dirigen al reloj. Quedaban dos minutos para que terminara esta reunión. *DOS*. ¿Y ahora? Ahora estás a punto de ser tomado como rehén por cualquier tontería que Tad esté a punto de decir sobre cómo puedes trabajar en un proyecto terminado.

Tad continúa: —Solo creo que deberíamos optar por un enfoque más interactivo. ¿Quizá agregar un video? ¡Solo es una idea!

Tu cerebro se cortocircuita. La guía está terminada. Finalizada. Aprobada. Ya fue enviada al equipo de diseño. Esto es como si alguien dijera: "Oye, deberíamos usar un proveedor de catering diferente", ¡mientras está parado frente al buffet de la boda!

Sientes ganas de soltar: *¡A nadie le importa lo que piensas, Tad!* Quizá incluso agregar: *¡Y puedes meter tus ideas donde no da el sol!*

Sin embargo, decir eso te garantizaría una llamada no muy

10. Realmente aprecio tu aporte

amistosa de RR. HH., así que, en cambio, tomas un sorbo de tu botella de agua y dices con calma:

—Realmente aprecio tu aporte, Tad. Por favor, cuéntame más sobre el enfoque interactivo que podríamos haber tomado.

Esperas que capte el sarcasmo y el verdadero significado detrás de tus palabras, que simplemente se traduce en: *Tad, esta guía ha sido revisada, aprobada y firmada por personas que ganan el triple de lo que ganamos. Hay un 0 % de probabilidad de que vuelva a empezar porque de repente tuviste una epifanía en los últimos dos minutos de esta reunión.*

Tad, sin captar en absoluto tu sutil indirecta, sonríe y se recuesta en su silla: —¡Genial, me alegra poder contribuir! Esto es lo que pienso...

Lo miras por un segundo y luego vuelves a echar un vistazo al reloj. ¿Hora de la reunión? Extendida por otros 30 minutos. Sientes desesperación mientras aceptas tu destino en silencio.

11. NECESITAMOS FOMENTAR UNA CULTURA DE TRABAJO EN EQUIPO

Lo que realmente quieres decir:

Es hora de que dejes de creerte el centro del universo.

Alternativa aprobada por RR. HH.:

Necesitamos fomentar una cultura de trabajo en equipo.

Escenario:

Estás en una sesión de lluvia de ideas con tu equipo, pero en este punto, se siente menos como una discusión grupal y más como El Show de Jessica. ¿Por qué?

Porque Jessica, una de tus compañeras de trabajo, ha estado hablando sin parar durante la mayor parte de la reunión.

No solo está compartiendo ideas, está acaparando toda la conversación.

Cada vez que alguien más intenta hablar, ella lo interrumpe con: "Sí, pero ¿qué tal si..." o "En realidad, yo creo que...".

Miras alrededor de la sala. Todos los demás parecen exhaustos.

Dave intenta hacer como si estuviera escuchando y puedes notar que Priya, quien también es parte de la sesión, se desconectó hace 20 minutos.

Incluso tu jefe parece arrepentirse de haber organizado esta reunión.

¿La peor parte? Las "brillantes" ideas de Jessica son repeticiones de fracasos pasados o no tienen ningún sentido.

En un momento, sugiere algo que en realidad le costaría dinero a la empresa en lugar de generarlo.

Poco a poco estás perdiendo la paciencia, y estás a punto de levantarte y decir:

Jessica, es hora de que dejes de creerte el centro del universo. Lo entendemos: te encanta escucharte a ti misma, pero el resto de nosotros también quiere contribuir antes de que nos jubilemos.

Pero eso podría sonar grosero. Y a RR. HH. le encantan esos talleres de "sé amable con tus compañeros".

Así que, en su lugar, levantas la mano y dices: — Necesitamos fomentar una cultura de trabajo en equipo

11. Necesitamos fomentar una cultura de trabajo en equipo

aquí. Asegurémonos de que todos tengan la oportunidad de compartir sus ideas.

Pero sabes que lo que realmente quieres decir es:

Jessica, por el amor de Dios, cállate y deja que alguien más hable.

La sala queda en silencio.

Jessica parece sorprendida, puede que incluso esté un poco ofendida.

Pero, milagro de milagros, finalmente deja de hablar.

Dave articula un "Gracias" desde el otro lado de la mesa.

Priya se endereza, lista para por fin contribuir.

Tu jefe suspira aliviado.

Y por primera vez en toda la mañana, la reunión continúa como una discusión normal, con un verdadero trabajo en equipo.

Al salir de la sala, te das una palmadita en la espalda en silencio.

Has restaurado el equilibrio en el lugar de trabajo.

Si eso no merece un premio, ¿qué lo merece?

12. PARA REITERAR

Lo que realmente quieres decir:

¡No voy a repetir esto de nuevo, imbécil!

Alternativa aprobada por RR. HH.:

Para reiterar.

Escenario:

Son las 3:00 p. m. de un miércoles y estás en tu quinta reunión de Zoom del día. Estás agotado. Tu cerebro ya se fue de la oficina, y lo único que te mantiene en pie es pensar en tu descanso de las 3:30 p. m.

Pero entonces, Kevin de Contabilidad dice: —Espera, solo para aclarar, ¿estamos usando los nuevos formularios de gastos o los viejos?

Dejas de respirar. Kevin ya ha hecho esta pregunta tres veces esta semana. El lunes enviaste un correo electrónico a toda

12. Para reiterar

la empresa sobre esto. Adjuntaste un PDF. Incluso lo hiciste a prueba de tontos con flechas rojas gigantes que señalaban los nuevos formularios. Usaste un GIF —¡por el amor de Dios!— un GIF de un mono bailando y sosteniendo un cartel que literalmente decía: «*USA LOS NUEVOS FORMULARIOS*». Además, se lo recordaste personalmente a Kevin *ayer* cuando hizo exactamente la misma pregunta.

Miras a tus compañeros de trabajo en sus pequeñas casillas de Zoom. Algunos están mirando sus pantallas como si estuvieran viendo un accidente automovilístico en cámara lenta. Una persona se ha silenciado, probablemente gritando con sus manos.

Tienes ganas de gritar:

¡Kevin, no voy a repetir esto de nuevo, imbécil! La respuesta está en tu bandeja de entrada, en tu carpeta de basura y probablemente escrita en las paredes del baño de la oficina a estas alturas.

Pero, como te gusta cobrar tu salario, respiras hondo y dices:

—Para reiterar, estamos usando los nuevos formularios de gastos. He incluido el enlace en el chat nuevamente para que lo tengas a mano.

Hay una larga pausa mientras todos esperan, probablemente preguntándose si Kevin finalmente... ¿lo entendió? O quizá se pregunten si estás a punto de explotar en cámara.

Luego, después de lo que parece una eternidad, Kevin dice: —¡Ahhh, entendido! ¡Gracias por aclararlo!

12. Para reiterar

¿Le crees? Absolutamente no. Pero por el bien de tu cordura, sigues adelante, sabiendo muy bien que Kevin hará la misma pregunta la próxima semana.

13. ESO ESTÁ FUERA DE MI ALCANCE

Lo que realmente quieres decir:

¡No voy a hacer tu trabajo por ti, holgazana!

Alternativa aprobada por RR. HH.:

Eso está fuera de mi alcance.

Escenario:

Faltan solo minutos para el fin de semana, y mentalmente ya estás en la hora feliz—con lentes de sol puestos, una *margarita* a punto de estar en tu mano y cero ganas de preocuparte por nada. Entonces, como un villano en una mala comedia romántica, Mia aparece en tus mensajes directos con el mensaje más predecible de todos los tiempos:

—¡Hola! ¿Puedes sacarme ese informe de inventario? Lo necesito para mi presentación del lunes.

13. Eso está fuera de mi alcance

Aprietas los puños. Este es el mismo informe que le has enseñado a sacar a Mia tres veces este trimestre. Incluso le hiciste una guía paso a paso con capturas de pantalla, que ella archivó de inmediato y nunca volvió a mirar.

Sientes ganas de responder furiosamente: *Mia, ¡no voy a hacer tu trabajo por ti, holgazana! Sabes dónde están los datos y sabes cómo exportarlos. Deja de fingir que no lo sabes solo porque prefieres pasar el rato viendo memes de LinkedIn en lugar de trabajar.*

Sin embargo, hay una gran posibilidad de que Mia pueda reenviar tu respuesta a la gerencia, lo que haría que te despidieran. Así que, mentalmente cuentas hasta 10 y respondes:

«Eso está fuera de mi alcance, pero estaré encantado de reenviarte la guía de capacitación nuevamente».

Su respuesta es instantánea:

«Entendido».

Sin embargo, no te convence porque sabes que lo que realmente quiere decir es: *Esperaré hasta las 5:00 p. m. del domingo y luego te enviaré un correo de pánico.*

Le reenvías la guía nuevamente, la etiquetas con: «Para tu registro» y de inmediato pones tu estado como «Desconectado» antes de que te pida que también le des formato rápidamente.

14. PARA FUTURAS REFERENCIAS

Lo que realmente quieres decir:

¡Escucha bien, idiota!

Alternativa aprobada por RR. HH.:

Para futuras referencias...

Escenario:

Es temprano por la mañana en la oficina y ya te arrepientes de haber revisado tu correo electrónico.

Justo en la parte superior de tu bandeja de entrada hay un mensaje alarmante de Tyler:

—¡URGENTE: ¡El sistema está CAÍDO! ¡AYUDA!

Te sientas derecho. *¿Esto es real? ¿De verdad se cayó todo el sistema? ¿Es este el día en que todo finalmente se vendrá abajo?* Te apresuras a verificar el estado del sistema. Todo está bien.

14. Para futuras referencias

Sin errores. Sin interrupciones. El sistema funciona perfectamente.

Entonces, ¿cuál es el problema? Tomas una respiración profunda y respondes:

«Hola, Tyler, ¿qué es exactamente lo que no está funcionando?».

Cinco minutos después, él responde:

—¡Ah! No podía iniciar sesión. Pero reinicié mi computadora y ahora está bien. ¡Gracias!

Oh. Vaya. ¿Acaso Tyler envió un correo de emergencia a toda la empresa porque se le olvidó reiniciar su laptop?

Aprietas los puños y consideras levantarte, dirigirte al escritorio de Tyler y decirle:

¡Escucha bien, idiota! ¡El sistema nunca se cayó! ¡La próxima vez, intenta apagar y encender tu equipo antes de declarar un estado de emergencia!

Pero como Tyler probablemente te reportaría por "agresión verbal", te limitas a escribir:

«Para futuras referencias, si encuentras algún problema, te recomendamos realizar un reinicio del sistema como primer paso de solución de problemas. Si el problema persiste, no dudes en contactarnos».

15. HAY ESPACIO PARA MEJORAR

Lo que realmente quieres decir:

Eres un completo inútil.

Alternativa aprobada por RR. HH.:

Hay espacio para mejorar.

Escenario:

Es temporada de evaluaciones de desempeño, y has estado temiendo este momento durante semanas.

Estás sentado frente a Hailey, la pasante que de alguna manera convirtió "no hacer absolutamente nada" en una forma de arte.

Durante la mayor parte de los últimos tres meses, Hailey ha tenido activado por accidente su mensaje de fuera de la oficina cuando *definitivamente* estaba en la oficina.

Además, te preguntó unas siete veces cómo adjuntar un archivo a un correo electrónico y pasó el 90 % de su "jornada laboral" masticando chicle ruidosamente y viendo compilaciones de *TikTok* en su escritorio.

Ahora, mientras miras su "autoevaluación" (que consiste en dos viñetas y una carita feliz), te das cuenta de que tienes que darle retroalimentación. Sientes ganas de arrancar la curita y decirle directamente:

Hailey, eres una completa inútil. Las plantas de la oficina aportan más que tú, y son de plástico. Estoy bastante seguro de que la máquina de café tiene mejores habilidades para resolver problemas.

Pero luego recuerdas que la vida corporativa requiere moderación. Tomas un momento, la miras a los ojos y dices:

—Hailey, tu trabajo muestra... entusiasmo. Dicho esto, definitivamente hay espacio para mejorar en áreas como la gestión del tiempo y las habilidades técnicas. ¿Podríamos explorar algunas... oportunidades de capacitación adicional?

Hailey asiente con entusiasmo:

—Sí, ¡he estado pensando en aprender más! ¿Tal vez como... en un webinar o algo así?

Resistes las ganas de gritar.

En cambio, la inscribes en la capacitación de cumplimiento

más aburrida que puedes encontrar y mentalmente anotas "esconder todos los snacks de la oficina".

16. ¿PODEMOS IDENTIFICAR AL RESPONSABLE?

Lo que realmente quieres decir:

¿Quién de ustedes, idiotas, armó este desastre?

Alternativa aprobada por RR. HH.:

¿Podemos identificar al responsable?

Escenario:

Entras a la oficina el lunes por la mañana y descubres que alguien ha destruido por completo la base de datos compartida del proyecto.

Lo que antes era una hoja de cálculo cuidadosamente organizada para rastrear las relaciones con los clientes y los detalles de las asociaciones ahora contiene una receta completa de pan de plátano (con comentarios), 37 memes de gatos incrustados en los comentarios y una celda que simplemente dice: «*PRUEBA: NO BORRAR*» en Comic Sans de 72 pt.

16. ¿Podemos identificar al responsable?

¿La peor parte?

Este era el archivo maestro para rastrear los detalles clave de las asociaciones, incluidos datos valiosos sobre patrocinios corporativos que representan millones en ingresos para el próximo trimestre. Tu ojo comienza a temblar como un robot defectuoso, y solo quieres preguntar:

¿Quién de ustedes, idiotas, armó este desastre?

Pero recuerdas que no quieres ser el tema de una futura capacitación de RR. HH. Así que, agarrando tu taza de té como si fuera una pelota antiestrés, dices amablemente:

—Equipo, ¿podemos identificar amablemente al responsable aquí? Necesitamos entender cómo nuestro sistema de seguimiento de patrocinios se convirtió tanto en un libro de cocina como en un museo de memes.

Después de un silencio incómodo, Beth, la nueva asistente de marketing, levanta tímidamente la mano:

—Eh... creo que pude haber sido yo. Estaba tratando de hacerlo más... atractivo.

¿Atractivo?

Resistes las ganas de reírte a carcajadas o llorar. En cambio, mantienes una expresión seria. Mientras tanto, el resto del equipo se está desmoronando visiblemente, y sus risas reprimidas los hacen parecer como si estuvieran sufriendo algún tipo de malestar gastrointestinal.

Asientes lentamente y la asignas a una capacitación de entrada de datos tan exhaustiva que podría prepararla para descifrar la Piedra Rosetta.

No estás dejando nada al azar aquí.

17. TE CONTACTARÉ MÁS TARDE

Lo que realmente quieres decir:

No voy a lidiar con esta tontería.

Alternativa aprobada por RR. HH.:

Te contactaré más tarde.

Escenario:

Son las 3:58 p. m. de un viernes. Ya te desconectaste mentalmente. En tu pantalla solo queda una hoja de cálculo falsa. Ya silenciaste las notificaciones de *Slack* y estás a mitad de planear qué comida grasosa vas a pedir en cuanto cierres sesión.

Y entonces...

¡Ping!

17. Te contactaré más tarde

Es Mark, de Instalaciones. El mismo Mark que no te ha enviado un mensaje en meses porque solo aparece cuando las cosas están a punto de complicarse. Y esto es lo que tiene que decir:

«¡Hola! El inspector de bomberos necesita que reorganicemos todo el armario de suministros para el lunes. ¿Puedes encargarte de eso?».

Miras fijamente el mensaje. *¿El armario de suministros?*

¿El que no ha sido tocado desde la gran purga de la oficina de 2017? ¿El que actualmente alberga cuatro tipos de tóner vencido, una docena de sillas rotas, 17 cables misteriosos y un teléfono plegable de principios de los 2000?

No. ¡Absolutamente no! Ese armario tiene capas. Hay una posibilidad genuina de que algo ahí dentro tenga derechos. No vas a entrar ahí.

Realmente solo quieres responder: *Mark, no voy a lidiar con esta tontería. Ese armario no se ha organizado desde la administración de Obama, y, francamente, respeto demasiado la soberanía de las pelusas como para perturbar su ecosistema.*

Y lo escribirías si esto no fuera la vida corporativa. Pero lo es, y tendrás que fingir que esta es una solicitud totalmente razonable para el fin de semana. Así que, en su lugar, respondes:

«Te contactaré más tarde».

17. Te contactaré más tarde

¿Y qué haces después? Fingir que estás demasiado ocupado con otras tareas. Para el lunes, milagrosamente, el armario ha sido reorganizado. No por ti, por supuesto. Probablemente por ese nuevo pasante que todavía cree que ayudar le conseguirá un puesto fijo.

Consideras enviarle un correo de agradecimiento. Tal vez un muffin. Pero, por ahora, simplemente asientes y susurras: —No todos los héroes usan capa—, mientras sorbes tu café y finges que nada de eso sucedió.

18. NOS ESFORZAMOS POR IR MÁS ALLÁ

Lo que realmente quieres decir:

¿Me estás jodiendo?

Alternativa aprobada por RR. HH.:

Nos esforzamos por ir más allá.

Escenario:

Estás en una llamada de Zoom con Ian de TI y Nina de Marketing. Los tres están en la cima después de presentar una demo impecable del nuevo portal para el cliente—aquel que casi les arruina el alma durante las últimas seis semanas. Han vivido en este portal e incluso soñado con códigos hexadecimales.

Pero ahora... Está listo. ¡Listo! El logo del cliente gira hermosamente en la página de inicio, la experiencia de usuario fluye como un río suave y, por una vez, nada ha explotado. Todos se reclinan ligeramente en sus sillas, sonriendo, victoriosos.

Entonces Emily, la gerente de proyectos del cliente, activa su micrófono y, con una sola frase, destroza tu mundo:

—¡Me encanta el diseño! Solo un pequeño ajuste: nos gustaría que cada botón del portal reprodujera un sonido de pato diferente al hacer clic. Uno para la mañana, otro diferente por la tarde y otro más para las horas de la noche. Solo para reflejar el tono evolutivo de nuestra marca a lo largo del día.

Silencio.

La cara de Ian se queda inerte. El ojo de Nina tiembla como una persiana rota. ¿Y tú? Tu cerebro sigue procesando.

¿Acaba de decir "cuac", como... el sonido que hace un pato? Además, ¿acaba de pedir variaciones de sonidos de pato según la hora del día?

Estás a unos segundos de soltar:

¿Me estás jodiendo? ¿Un pato escribió tus pautas de marca? ¿Esto es un sitio web de Fisher-Price?

Pero entonces captas el sutil movimiento de cabeza de Ian, sabiendo que estás a punto de convertir la reunión en una zona de guerra. Así que aclaras tu garganta y dices:

—¡Nos esforzamos por ir más allá para nuestros clientes! Exploremos algunas alternativas para darle personalidad al portal; unas que no, eh... confundan a los usuarios o les hagan pensar que descargaron malware.

De inmediato, tu equipo se da cuenta de que acabas de decir educadamente al cliente: "Por encima de mi cadáver este sitio web sonará como un zoológico de mascotas" *y* entonces, ellos también se suman.

Ian —que Dios lo bendiga— dice:

—Los elementos de audio podrían afectar los tiempos de carga... y el cumplimiento de accesibilidad.

Y Nina, siempre diplomática, añade:

—¿Y si *visualmente* sugerimos el graznido con algunos íconos animados?

Emily hace una pausa. Por un segundo, piensas que va a insistir. Luego dice:

—Hmm. ¿Quizá solo un graznido en la página de inicio?

Respondes sin pestañear: —¡Anotado!

Y mentalmente cuentas los segundos que quedan en esta reunión.

19. LO TENDRÉ EN CUENTA

Lo que realmente quieres decir:

¿Acaso te pedí tu opinión? No, no lo hice, ¡imbécil!

Alternativa aprobada por RR. HH.:

Lo tendré en cuenta.

Escenario:

Has tenido un día largo y finalmente estás poniendo los toques finales a la propuesta de reabastecimiento de inventario: una hoja de cálculo que te ha tomado dos semanas, 20 tablas dinámicas y más cafeína de la que tu médico aprobaría legalmente. Has revisado todo tres veces: códigos de proveedores, horarios de envío, ¡todo!

Estás orgulloso de tu trabajo y estás listo para presionar "Enviar" y recompensarte con una bolsa de pretzels y 15 minutos de fingir que "colaboras" en la sala de descanso.

Pero Ethan decide en ese momento pasar por ahí. Se inclina sobre tu escritorio, entrecierra los ojos para mirar tu pantalla y dice:

—Ah... ¿sigues usando ese proveedor para el reabastecimiento? Hmm. Elección audaz.

Parpadeas. ¿*Elección audaz*? ¿¡*ELECCIÓN AUDAZ*!? El trabajo de Ethan es equilibrar facturas, no supervisar la logística del almacén. Una vez intentó "auditar" el presupuesto de snacks y casi provoca un motín.

Además, tú no pediste a Ethan. Nadie pidió a Ethan. Ethan simplemente... apareció. Como una mosca de la fruta.

Lo miras, con ganas de decirle: *¿Acaso te pedí tu opinión? No, no lo hice, ¡imbécil! Tú te dedicas a ordenar columnas en hojas de cálculo, no a manejar manifiestos de envío.*

Sin embargo, te muerdes la lengua mientras minimizas lentamente tu hoja de cálculo como si estuvieras ocultando información clasificada del gobierno, y luego respondes:

—¡Lo tendré en cuenta!

Ethan sonríe como si acabara de resolver el hambre mundial y se aleja con la satisfacción de un hombre que una vez leyó la mitad de un libro sobre teoría de la cadena de suministro.

Vuelves a tu pantalla, exhalas por la nariz como un dragón enojado y vuelves a abrir el archivo. No haces cambios.

19. Lo tendré en cuenta

Envías el informe tal como está. Y, sorprendentemente, es aprobado por los líderes exactamente como lo tenías.

Al día siguiente ves a Ethan en el pasillo. Te hace un gesto de aprobación con el pulgar. Tú sonríes cortésmente y susurras, en voz baja:

—Elección audaz, mis nalgas.

20. VAMOS A COMPROMETERNOS

Lo que realmente quieres decir:

Pon tu m%erda en orden.*

Alternativa aprobada por RR. HH.:

Vamos a comprometernos.

Escenario:

Te han asignado a Jordan, de Compras, para una tarea urgente, muy real y muy importante: preparar la presentación de la auditoría de proveedores para la revisión del CFO. No es una sugerencia. No es algo "agradable de tener". Es el tipo de cosa que puede conducir a ascensos... o a la vergüenza pública en la diapositiva 4.

Has hecho tu parte: has corregido las inconsistencias en los contratos de los proveedores, has añadido banderas de cumplimiento actualizadas e incluso has revisado tres veces los números de ese montón de facturas sospechosas que todos los demás "misteriosamente" olvidaron que existían.

¿Jordan? Jordan ha contribuido con una diapositiva de título. Eso es todo. Una diapositiva de título. Con las palabras: «*Auditoría de proveedores 2025*».

Ahora es jueves, y la presentación debe estar lista para el viernes al mediodía. Le escribes a Jordan (de nuevo) y él responde:

«¡Ups! Sí, he estado muy ocupado con otras cosas. ¡Pero me pondré con eso esta noche!».

Ya sabes que "me pondré con eso esta noche" significa que revisará tus Google Slides a las 11:49 a. m. mientras lame el fondo de la tapa de un yogur.

Realmente quieres ir hasta él, mirarlo directamente a los ojos y decirle:

Jordan, pon tu m*%erda en orden. Esta no es la actitud para el día del CFO. Esto es exactamente lo contrario de útil.

Pero, ay, RR. HH. no es fan de las verdades sin filtro. Así que, en su lugar, simplemente escribes:

«Vamos a comprometernos y terminemos esto hoy para estar listos mañana».

Jordan responde con un emoji de pulgar arriba. Lo miras como si hubiera insultado personalmente a tu familia.

Luego, como todo perfeccionista impulsado por la rabia leve y la ansiedad, arreglas su parte tú mismo. Llega el viernes.

Al CFO le encanta la presentación y dice:

—Buen trabajo en equipo.

Jordan asiente como si hubiera inventado personalmente PowerPoint. Tú asientes de vuelta, luchando contra el impulso de golpearle la cabeza.

21. TE ESCUCHO. PERO NECESITAMOS CAMBIAR DE RUMBO

Lo que realmente quieres decir:

Esa es la idea más estúpida que he escuchado en mi vida.

Alternativa aprobada por RR. HH.:

Te escucho. Pero necesitamos cambiar de rumbo.

Escenario:

Es jueves por la mañana, y la sesión de lluvia de ideas para la campaña social de este trimestre ha entrado oficialmente en su fase de descontrol total. La pizarra es una escena del crimen de ideas tachadas: «Desafío viral en *TikTok*» (demasiado arriesgado), «Flash mob guerrillero» (demasiado caro), «El interno con un megáfono» (simplemente... no).

La mitad del equipo parece estar a un derrame de café de un colapso nervioso. Es entonces cuando Bryce, de Creatividad, hace su jugada.

Bryce, el nuevo que solo lleva aquí tres semanas, pero ya usa un gorro adentro, como si fuera un rasgo de personalidad. Bryce, quien una vez se refirió a sí mismo como "un chamán de marca" y no ha contribuido con una sola idea viable, a menos que cuentes reorganizar las notas adhesivas en forma de espiral —para la energía—.

Se inclina dramáticamente hacia adelante, con los ojos brillando como si estuviera a punto de dar el Sermón del Monte y dice:

—¿Y si... en lugar de un boletín, lanzamos una lectura mensual de tarot para los clientes? Pero por... correo electrónico. Tal vez el futuro de sus KPIs esté... oculto en las estrellas.

Silencio. El tipo de silencio en el que prácticamente puedes escuchar las neuronas de todos colapsando en masa.

Suzie, de Contabilidad, deja caer ruidosamente su pluma al suelo. Mónica, de Legal, parpadea tan violentamente que te preocupa que se le desprenda una pestaña. El interno comienza a buscar frenéticamente "tarot" en Google como si su estatus no remunerado ahora incluyera un curso acelerado de astrología.

Mientras tanto, tú estás sentado allí apretando tu taza de café con tanta fuerza que está a una frase motivacional de romperse.

Internamente, estás gritando: *Bryce, esa es la idea más estúpida que he escuchado en mi vida. A nuestros clientes no les importan los horóscopos, fabrican aires acondicionados para edifi-*

21. Te escucho. Pero necesitamos cambiar de rumbo 77

cios de oficinas en Omaha, ¡no velas de hierbas para ceremonias bajo la luna en Topanga Canyon!

Pero no puedes decir eso. Estás buscando el reconocimiento de "Potencial de Liderazgo" y callar a alguien no se ve bien en una evaluación de desempeño. Así que, en su lugar, tomas un sorbo muy largo de tu café a temperatura ambiente y dices:

—Te escucho, Bryce. Es un concepto interesante. Pero cambiemos de rumbo: quizá en lugar de horóscopos, nos enfoquemos en *insights* de datos en tiempo real. Algo tangible. Algo accionable.

Bryce asiente solemnemente, como si acabaras de impartir una sabiduría ancestral.

—Sí. Sí, los datos son el lenguaje del universo.

Luego comienza a garabatear un símbolo de Sagitario en su cuaderno. Al revés.

La habitación permanece en un silencio absoluto por un momento más, hasta que alguien suelta una carcajada fuerte. Y entonces todo se desmorona. Todo el equipo estalla en risas incontrolables mientras tú catalogas mentalmente este momento bajo: *Razones por las que merezco un aumento.*

22. ABOGADO DEL DIABLO: ¿POR QUÉ ESTO NO FUNCIONARÍA?

Lo que realmente quieres decir:

Estás completamente equivocado, maldita sea.

Alternativa aprobada por RR. HH.:

Abogado del diablo: ¿Por qué esto no funcionaría?

Escenario:

Estás en una reunión interdepartamental para rediseñar el sistema interno de tickets.

El actual es tan antiguo que bien podría requerir conexión por módem. Todos están de acuerdo: es hora de una actualización.

Entonces, Trevor, del departamento de Compras, habla.

Trevor, que lleva un auricular Bluetooth como si estuviera

esperando una llamada de la NASA. Trevor, cuya estética grita: "Excel, pero más fuerte".

Se aclara la garganta y suelta esta joya:

—¿Y si en lugar de una plataforma digital, volvemos a los formularios en papel? La gente los llena, los deja en una caja y alguien los registra cada viernes. Es más tangible, ¿saben?

Parpadeas, lo miras fijamente y por un momento te preguntas si Trevor se golpeó la cabeza con un estante del almacén.

Pam, de Administración, se atraganta con su té.

Asha, de TI, parece lista para presentar una queja contra la humanidad.

Internamente, estás gritando: *Estás completamente equivocado, Trevor. Esto no es 1993. ¿También vamos a traer de vuelta los buscapersonas, los disquetes y el internet por módem?*

Pero en voz alta, inclinas la cabeza como si estuvieras genuinamente interesado y dices:

—Abogado del diablo: ¿Por qué esto no funcionaría?

Trevor se ilumina.

—Bueno —comienza, ajustándose el auricular Bluetooth como si estuviera a punto de aterrizar un avión—, las plataformas digitales generan demasiada dependencia de un

22. Abogado del diablo: ¿Por qué esto no funcionaría?

internet estable y del conocimiento tecnológico. No todo el mundo se siente cómodo con las interfaces digitales, y cuando algo falla, todo el flujo de trabajo se viene abajo. El papel es confiable. Nunca necesitas reiniciar el papel.

Sonríe como si acabara de dejar callada a la innovación misma.

Afortunadamente, Asha entra en escena como una heroína:

—¿Seguridad? Una pesadilla. ¿Rastreo? Imposible. Además, ¿alguien piensa en la deforestación?

Trevor asiente pensativamente... y nunca vuelve a mencionar los formularios en papel.

Después de la llamada, te recuestas, miras por la ventana y susurras:

—Abogado del diablo: ¿Por qué contrataron a Trevor?

23. VAMOS A PONERNOS AL DÍA CON ESTO

LO QUE REALMENTE QUIERES DECIR:

No voy a lidiar con tus tonterías ahora mismo.

Alternativa aprobada por RR. HH.:

Vamos a ponernos al día con esto.

Escenario:

Son las 9:06 a. m. de un martes, y todavía estás mentalmente recuperándote del fin de semana.

Tienes *exactamente* un objetivo hoy: sobrevivir hasta el almuerzo sin llorar sobre tu teclado o pedir croissants de estrés en un arranque de ira.

Estás en medio de un correo electrónico, tratando de coordinar una llamada con un proveedor para el lanzamiento de la campaña de empaques ecológicos, una iniciativa de meses que ha sido descrita como "la piedra angular del Q2", "un cambio de juego" y "lo que mantiene despierto al CMO".

23. Vamos a ponernos al día con esto

Brittani, de "Activación de Marca", un departamento tan misterioso que estás convencido de que solo existe durante el Q4, se acerca a tu escritorio con paso firme, sosteniendo un tablero de inspiración brillante, cubierto de recortes de revistas y —espera— ¿es eso una pluma?

Brittani prácticamente vibra de emoción.

—¡Tuve una visión anoche! Para la fiesta de lanzamiento: ¡una experiencia inmersiva en la jungla! Loros LED. Máquinas de humo. Sombreros de safari. Y escucha esto: ¡Cocos con nuestro logo y pajillas compostables!

Te tomas un minuto para procesar lo que Brittani acaba de decir y tienes la tentación de decir:

¿Sabes qué? No voy a lidiar con tus tonterías ahora mismo. Ni siquiera he abierto Outlook todavía. Además, ¿cocos? ¿En serio?

Pero no lo haces. Simplemente reúnes cada pizca de profesionalismo que puedes y dices: —Vamos a ponernos al día después de que me comunique con Legal.

Pero sabes que lo que realmente quieres decir es: *Voy a dejar que Legal detenga esta locura para que yo no tenga que hacerlo.*

Brittani sonríe radiante. —¡Increíble! ¡Empezaré a buscar loros!

Se aleja tarareando a Beyoncé, dejándote sentado allí, desconcertado, preguntándote: *¿Cómo sigue teniendo trabajo? ¿Y de dónde diablos sacó esa pluma?*

24. ESTO ES TU RESPONSABILIDAD

Lo que realmente quieres decir:

¡Deja de ser un vago de m&%da!

Alternativa aprobada por RR. HH.:

Esto es tu responsabilidad.

Escenario:

Estás ahogándote en plazos, con los ojos temblando de tanto mirar una hoja de Excel con fórmulas tan avanzadas que estás medio convencido de que has invocado accidentalmente a una deidad ancestral de las hojas de cálculo.

Entra Darren, de Finanzas, con un café helado en la mano, caminando como si estuviera en una escena de una comedia romántica. Sin prisa y sin preocupaciones.

—Hola —dice, alargando esa sílaba como si fuera un manifiesto completo—. Una cosa rápida: ¿puedes preparar el análisis de costos actualizado para el tercer trimestre? No debería tomarte mucho.

Parpadeas. Lentamente. Porque ya hiciste esos números. La semana pasada. Coloreaste las celdas. Aplicaste formato condicional. Básicamente, le diste tu alma a Excel.

Pero Darren no abrió el archivo. Darren, que ha estado "superocupado", es decir, asistiendo al *MoneyFest* 2025, un evento de tres días donde su principal entrega fueron *selfies* de Instagram con leyendas como «¡*El esfuerzo no se detiene!* » y «*#FiscalAF*».

Quieres gritar: *Darren, deja de ser un vago de m&%da y haz tu trabajo. Esto no es una charla TED sobre café; es la vida real.*

Pero has pasado por entrenamientos corporativos. Eres un profesional. Así que, en lugar de eso, respiras lenta y tranquilamente y simplemente dices:

—Esto es tu responsabilidad.

Darren sonríe, sin captar el subtexto.

—Genial, genial. ¡Solo avísame cuando esté listo!

Se va, tomando su café helado como si fuera el protagonista de una parodia de productividad. Tú, mientras tanto, renombras tu hoja de cálculo como «*El desastre de Darren (Versión final definitiva).xlsx*», preguntándote cuántos Darrens puede soportar la fuerza laboral antes del colapso total.

25. ESTAMOS EN LA PRIMERA LÍNEA DE LAS TRINCHERAS AQUÍ

Lo que realmente quieres decir:

*Necesitas arreglar esta m*erda ya.*

Alternativa aprobada por RR. HH.:

Estamos en la primera línea de las trincheras aquí.

Escenario:

10:00 a. m.: Reunión de crisis para todo el equipo.

El portal del cliente no solo está caído, está *error-404-tu-negocio-está-perdido* caído.

Los clientes están enloqueciendo. Los correos electrónicos están llegando a raudales. El equipo está entrando en pánico.

¿Y Dylan de IT?

No se le encuentra por ningún lado.

Después de una búsqueda frenética, lo encuentras en la sala de descanso, comiendo tranquilamente un burrito del tamaño de un niño pequeño; porque, claro, Dylan opera en tiempo de burrito, no en tiempo de crisis.

Tú —con la mandíbula apretada—:

—Dylan. El portal. Lleva una hora caído. Los clientes están perdiendo la cabeza.

Dylan responde con la boca llena y sin ninguna urgencia:

—Ah, sí, probablemente solo sea un problema en el servidor. Lo revisaré después de este burrito. Necesito carbohidratos para rendir al máximo, ¿sabes?

Tú, por supuesto, quieres gritar: *DYLAN, NECESITAS ARREGLAR ESTA M*ERDA AHORA O TE REEMPLAZARÉ CON UN CHATBOT QUE RESPETE LOS PLAZOS.*

Pero en cambio, canalizando la furia calmada de un veterano de la oficina, dices:

—Dylan, estamos en las trincheras aquí. Los clientes están perdiendo la cabeza. ¿Podemos calentar el burrito más tarde?

Dylan suspira dramáticamente, como si fuera él quien está sufriendo.

—Bien, bien. Pero después de esto, definitivamente me voy a tomar mi hora de almuerzo.

Asientes, ya mentalmente redactando un anuncio de trabajo titulado:

«Se busca Especialista en IT. Debe priorizar servidores sobre bocadillos».

26. SOMOS UNA FAMILIA

Lo que realmente quieres decir:

¿Crees que alguno de nosotros está feliz de estar aquí un viernes por la noche?

Alternativa aprobada por RR. HH.:

Somos una familia.

Escenario:

Es viernes por la noche y estás en la oficina.

En algún lugar del mundo, la gente está brindando, comiendo tacos y no lleva gafetes.

Pero tú no. Y tampoco tu equipo.

Nop.

Están apretados en la Sala de Conferencias B, un lugar que huele permanentemente a café quemado y arrepentimiento, agrupados alrededor de un monitor parpadeante.

La presentación para el cliente es para el lunes por la mañana, y Natalie, de Eventos, acaba de soltar la bomba: toda su presentación está en Papyrus.

Natalie, con voz de pánico, comienza:

—No entiendo. ¡Se veía bien en mi laptop!

Te sientes muerto por dentro mientras respondes:

—Lo has tenido desde el martes.

Natalie, con lágrimas en los ojos, agarra un latte de avena como si fuera una bebida de apoyo emocional y dice:

—Sí, pero el martes fue como... muy difícil para mí.

Miras alrededor de la sala: Tom está en su quinto Red Bull, visiblemente temblando; Asha no ha parpadeado en horas, y Jared, del área legal... completamente dormido. Boca abierta. Roncando.

Entonces Natalie suelta la joya:

—Simplemente no creo que sea justo que tenga que quedarme hasta tarde para arreglar esto.

¡Oh, no! ¡Oh, no, no, no!

Quieres gritar:

¿Justo? Natalie, ¿crees que alguno de nosotros está feliz de estar aquí un viernes por la noche? Ninguno de nosotros quiere estar aquí. ¡Es viernes, por el amor de Dios! Mis tacos se acabaron. Mi alma se acabó. Todos morimos a las 6 p. m.

Pero eso no es lo que gritas. Nah.

Lo que realmente dices (con la calma furiosa de un orador motivacional al borde del colapso) es:

—Mira, Natalie... somos una familia. Y las familias se apoyan mutuamente, pase lo que pase, ¿verdad?

Natalie asiente, finalmente cambiando a la fuente aceptable.

Tom celebra, Asha parpadea y Jared se despierta de su siesta.

27. ¿PODRÍAS ECHARLE UN SEGUNDO VISTAZO A ESTO? ADEMÁS, SI PUEDES PROFUNDIZAR, SERÍA GENIAL

LO QUE REALMENTE QUIERES DECIR:

Este informe es completamente inútil.

Alternativa aprobada por RR. HH.:

¿Podrías echarle un segundo vistazo a esto? Además, si puedes profundizar, sería genial.

Escenario:

Es la revisión semanal de ventas y Brad te entrega su informe "exhaustivo" de ventas del Q2. Tiene 47 páginas, lo que parece prometedor... hasta que lo abres.

¿La introducción? Tres páginas de relleno corporativo. Hay 12 gráficos sin etiquetas que parecen basarse en suposiciones en lugar de datos. ¿Y la diapositiva 26? Una captura de pantalla borrosa de... algo. ¿Excel? ¿Una casa embrujada? No estás seguro.

¿La conclusión final? "Las ventas... están ocurriendo."

27. ¿Podrías echarle un segundo vistazo a esto? Además…

Mientras tanto, Brad está recostado en su silla, orgulloso, como si acabara de resolver la paz mundial. Lo miras y te dan ganas de preguntarle:

Brad, ¿tu gato caminó sobre el teclado? ¿Sobornaste a un mapache para que hiciera estas diapositivas? ¡Porque este informe es inútil! Créeme, he visto más información en la tapa de una botella de Snapple.

Pero eres un profesional. Y aquí no hacemos eso. Así que agarras tu taza reutilizable como si fuera un salvavidas y, con voz calmada, dices:

—Brad, ¡gracias por preparar esto! ¿Podrías echarle otro vistazo, por favor? Además, si puedes profundizar, sería genial. Solo… resume los puntos clave. Y tal vez intenta usar palabras reales en lugar de conceptos abstractos, si puedes.

Brad asiente seriamente, como si hubieras hablado en código, y, sin darse cuenta, abre PowerPoint de nuevo.

—¡Claro! Añadiré más… cosas de datos.

Sonríes y asientes mientras mueres un poco por dentro.

28. ¿TIENES UN MINUTO PARA UNA CHARLA RÁPIDA?

Lo que realmente quieres decir:

Estás en un gran problema.

Alternativa aprobada por RR. HH.:

¿Tienes un minuto para una charla rápida?

Escenario:

Todo el equipo ha sido liberado en una barra de yogur helado con autoservicio porque el gerente leyó un artículo llamado «Dale autonomía a tu personal» y pensó que era una metáfora brillante.

La gente se ríe. Socializa. Crean vínculos sobre los toppings de galleta triturada.

Entonces aparece Connor.

28. ¿Tienes un minuto para una charla rápida?

Connor, de Legal, ha estado merodeando cerca de los toppings como si estuviera planeando algo. Al principio, no le das mucha importancia, hasta que lo ves llenando una bolsa Ziploc (que trajo de casa) con *Reese's*.

Parpadeas.

Luego va por los *M&Ms* de maní y después por el mochi. Ahora está llenando una segunda bolsa.

Te quedas helado, no por el yogur, sino por la incredulidad. Miras a tu alrededor. ¿Alguien más está viendo esto? No. Solo tú y la adolescente que trabaja en el mostrador, que ya está marcando frenéticamente a su jefe.

Te acercas a Connor y quieres susurrar-gritar:

Connor, ¡estás en un gran problema! ¿Has mirado a tu alrededor? Esto no es Costco. No puedes contrabandear toppings a granel como si te estuvieras preparando para el apocalipsis.

Pero no lo haces; te mantienes tan frío como el yogur. Tomas aire, le das un toque en el hombro y dices:

— Oye, Connor, ¿tienes un minuto para una charla rápida?

Sabes por la expresión en su cara que ha captado tu mensaje telepático: *"Suelta los ositos de goma y aléjate de los toppings, bandido de snacks".*

Connor, desconcertado, pregunta: —Oh... ¿Había un límite?

Inhalas profundamente y respondes:

—Sí, Connor. El límite era una taza, no una escena de *La gran estafa II: edición postre*.

Lo escoltas como si fueras un guardia de seguridad en una convención de dulces, mientras Connor murmura algo sobre "beneficios para empleados". En señal de agradecimiento, la adolescente del yogur te da un pulgar arriba.

Lograste frustrar el gran robo de toppings del año.

Recuerdas que la próxima semana a Connor le corresponde una capacitación obligatoria en ética. Contigo. En Zoom.

Ya estás preparando las diapositivas.

Y la primera definitivamente dice: «*No saquearás las chispas*».

29. HAY MUCHO QUE PROCESAR AQUÍ

Lo que realmente quieres decir:

¿De qué diablos estás hablando?

Alternativa aprobada por RR. HH.:

Hay mucho que procesar aquí.

Escenario:

Es el día 2 del retiro de "desintoxicación digital" de la empresa. ¿Ubicación? Una cabaña en el bosque sospechosamente húmeda.

Estás sentado en un círculo de puffs, tomando un té de hierbas tibio que sabe a angustia existencial. Han pasado 36 horas sin Wi-Fi, cafeína o un ápice de cordura. Tu teléfono fue encerrado en una "caja de rendición tecnológica" ayer y estás 98 % seguro de que alguien lloró durante el círculo de respiración matutino.

29. Hay mucho que procesar aquí

Entra Aubrey. Nueva contratación. Departamento desconocido. Posiblemente de RR. HH. Posiblemente una guía espiritual a tiempo parcial. Definitivamente una charla TED andante en Birkenstocks.

Aubrey levanta la mano en medio del círculo, con los ojos iluminados, con el entusiasmo de alguien que nunca ha usado Excel, y dice:

—Creo que, si alineamos nuestros chakras con nuestros OKRs trimestrales, finalmente alcanzaremos la sinergia del Q3.

Tú te quedas mirando. Todos los demás asienten solemnemente. Alguien susurra: "Poderoso". Otro lo escribe como si estuviera tallando los Diez Mandamientos.

No puedes creer lo que escuchas y quieres decir:

¿De qué diablos estás hablando? Los chakras no van en tablas dinámicas, Aubrey.

Pero decir eso te ganaría muchas miradas de reproche. Así que, mientras te frotas las sienes como si albergaran una migraña hecha de PowerPoint, en su lugar dices:

—Hay mucho que procesar aquí.

Internamente estás gritando: *Esto es una secta. Te uniste a una secta. Y ahora yo también estoy en ella por una invitación de Slack.*

29. Hay mucho que procesar aquí

Aubrey sonríe, imperturbable. —¿Verdad? Siento que si replanteamos los KPIs como intenciones de crecimiento personal...

Levantas tu té. —Bueno, voy a detenerte ahí antes de que...

Tu manager, descalzo y envuelto en un poncho tejido a mano para fomentar el trabajo en equipo, interviene:

—Volvamos a eso después del zumbido consciente.

Respiras profundamente. No porque sea reconfortante, sino porque es eso o desconectarte mentalmente por completo.

30. ESTABLEZCAMOS UN PROCESO

Lo que realmente quieres decir:

La has cagado... ¿otra vez?

Alternativa aprobada por RR. HH.:

Establezcamos un proceso.

Escenario:

Es jueves, 3:22 p. m., y la presentación al cliente es en una hora.

Es la fecha límite final. Bueno, la tercera fecha límite final porque alguien sigue haciendo "solo unos pequeños ajustes". No has dormido bien en días. Eres 70 % cafeína, 30 % rabia contenida. Y esta presentación ha pasado por 12 versiones. *Doce*. A estas alturas, probablemente ya califica para una pensión.

Abres el archivo que Eric, de Marketing juró —y la palabra clave es: juró— que estaba pulido, revisado y listo para impresionar.

Haces clic en la Diapositiva 1, pero tiene el nombre del cliente equivocado. ¿Diapositiva 2? El logo de su competidor. ¿Diapositiva 3? Un delfín. No es una metáfora ingeniosa. No es una mascota del cliente. Solo una foto a pantalla completa de un delfín sonriendo como si supiera algo que tú no.

Parpadeas y te frotas los ojos. Luego, haces clic en la tercera diapositiva de nuevo.

¡Sí! Sigue ahí. Sigue siendo muy acuático.

Lentamente, giras en tu silla y miras a Eric, quien está comiendo pretzels tranquilamente como si no hubiera subido una presentación sacada directamente de un sueño febril. Desesperadamente quieres decir:

Eric. La has cagado... ¿otra vez? ¿Estás montando un negocio paralelo de sabotaje?

Pero no lo haces. Porque Eric te reportaría por ser "agresivo" en el trabajo. Por lo tanto, dices con calma:

—Bien... establezcamos un proceso de ahora en adelante, algo simple, como... asegurarnos de que la presentación no incluya fauna marina o logos que puedan hundir la cuenta.

Eric levanta la vista a mitad de un mordisco y se ríe.

30. Establezcamos un proceso

—¡Qué raro! Tal vez subí la versión equivocada. Tenía como cuatro abiertas. Jaja.

Tú no devuelves ese "jaja". En cambio, abres tu archivo de respaldo (Final_Final_ActualFinal_ESTAv2.pptx) y comienzas a arreglar cada diapositiva. De nuevo. ¿Delfín? Eliminado. ¿Reputación de la empresa? Salvada.

Eric, todavía felizmente empleado, se aleja con los pretzels en la mano.

31. NO TENGO LA CAPACIDAD EN ESTE MOMENTO

Lo que realmente quieres decir:

Ya tengo suficientes problemas con los que lidiar.

Alternativa aprobada por RR. HH.:

No tengo la capacidad en este momento.

Escenario:

Finalmente estás disfrutando de tu primer momento de paz este mes: con tus pantalones de deporte puestos, un burrito de desayuno en la mano y a la mitad de esa serie de Netflix de la que todo el mundo habla. Además, es un domingo relajado.

Entonces llega el temido *PING* de Margaret de RR. HH. Su mensaje alegre en *Slack* atraviesa tu teléfono como una bocina:

31. No tengo la capacidad en este momento

«¡Hola, equipo! Solo una solicitud rápida para el fin de semana: ¿Podrían todos actualizar sus metas de desarrollo profesional en el portal para esta noche? ¡El liderazgo quiere revisarlas mañana a primera hora! :)».

Casi te atragantas con el guacamole. ¿El portal de desarrollo profesional? ¿El mismo que se cayó tres veces la semana pasada? ¿El que requiere un proceso de inicio de sesión de 12 pasos que nadie puede explicar, ni siquiera el equipo de TI? Y Margaret tiene el descaro de enviar esto desde su flotador en la piscina (literalmente puedes ver al chico de la cabaña en su foto de estado de *Slack*).

Cada célula de tu cuerpo quiere responder: *Margaret, ¡ya tengo suficientes problemas con los que lidiar! ¡Mi "desarrollo profesional" en este momento consiste en recordar qué día es sin revisar mi teléfono! ¡La única "meta" en la que estoy trabajando es sacar el guacamole de mis pantalones de deporte!*

Pero en su lugar, respiras hondo —y tomas un sorbo aún más profundo de mimosa— antes de escribir:

«Gracias por compartir, Margaret. Lamentablemente, no tengo la capacidad en este momento. ¡Lo priorizaré el lunes por la mañana!».

La inevitable respuesta de Margaret llega antes de que puedas dar otro bocado:

«¡No hay problema! ¡Cuando puedas! :)».

Lo que ya sabes que se traduce en: "Enviaré recordatorios

cada 90 minutos de manera pasivo-agresiva hasta que cumplas".

Brevemente consideras responder con una foto de tus piernas, cubiertas con pantalones de deporte, apoyadas en la mesa de centro, pero en su lugar optas por la opción nuclear:

- Silenciar las notificaciones.

- Servirte una segunda mimosa.

- Y planear mentalmente que tu contraseña del portal —misteriosamente— deje de funcionar para el lunes por la mañana.

¿Las metas de desarrollo profesional? Pueden esperar hasta que Margaret desarrolle un poco de cortesía profesional.

32. ESTOY BUSCANDO UN CAMBIO DE PARADIGMA MÁS PROFUNDO

Lo que realmente quieres decir:

Esa fue una sugerencia muy estúpida.

Alternativa aprobada por RR. HH.:

Estoy buscando un cambio de paradigma más profundo.

Escenario:

Estás sentado en la sala de conferencias con el equipo de desarrollo de productos y Jack, de Ventas. La reunión se suponía que trataría sobre la expansión de productos de lujo para el hogar de la compañía. Piensa en aspiradoras de alta gama, purificadores de aire inteligentes y muebles ergonómicos para el profesional moderno. Han estado discutiendo líneas de productos, expansión de mercado y experiencia del usuario.

Jack, sin embargo, parece haberse perdido el memo.

Ha estado callado durante la mayor parte de la reunión, pero ahora se endereza en su silla, hojeando emocionado una pila de papeles. Te preparas porque sabes que Jack es uno de esos tipos que siempre tiene "la próxima gran idea" y, generalmente, sus ideas suelen ser un poco... descabelladas.

Se levanta y aplaude, sonriendo como si acabara de descifrar el Código Da Vinci.

—Bueno, equipo, escúchenme: muebles. Pero háganlos *inteligentes*. No solo conectados, ¡*emocionales*! Estoy hablando de sofás que rastrean tu estado de ánimo. Se sincronizan con tus datos biométricos. Si estás estresado, los cojines se suavizan. Si estás feliz, la base LED se enciende en modo fiesta. Lo llamaremos... "Feeliture".

Parpadeas. Lentamente. Dos veces.

Tu cerebro comienza a preguntarse si ha tomado demasiado café y por eso estás escuchando esto. Alrededor de la sala, todos los demás parecen igualmente atónitos, y ves a alguien que murmura "¿Feeliture?" con incredulidad. ¿Acaba Jack de proponer la creación de sofás con sentimientos?

—¿Qué? —preguntas finalmente—, porque alguien tiene que hacerlo.

Jack asiente con entusiasmo.

—¡Sí! ¡Piensen en eso! Collares para perros con estilo. Un símbolo de riqueza para tu mascota. Olviden lo barato, ¡estos collares son una declaración!

32. Estoy buscando un cambio de paradigma más profu...

La sala queda en silencio absoluto.

Sientes que estás a punto de implosionar. La reunión se suponía que trataría sobre la expansión hacia productos para el hogar de lujo, no accesorios de lujo para mascotas. Honestamente, quieres decir:

Jack, esa fue una sugerencia muy estúpida. ¿Qué sigue? ¿Un sofá de dos plazas que llora cuando terminas una relación en él? ¿Un sillón reclinable que alerta a tu terapeuta? ¿Has estado viendo demasiado Black Mirror?

Pero lo que realmente dices, mientras fuerzas una sonrisa corporativa que parece que te va a partir la mandíbula, es:

—Interesante concepto, Jack. Aunque estoy buscando más bien un cambio de paradigma, algo que revolucione el mercado de maneras que no hemos visto antes.

Lo que realmente quieres decir es: *Prefiero vender desatascadores bañados en oro que intentar comercializar un sofá emocional. Pero claro, Jack. Juguemos a hacer como si fuera posible.*

Jack, completamente ajeno a tu incredulidad, garabatea notas como si estuviera a punto de revolucionar la industria del mueble.

—Sí, sí, ya puliremos los detalles. Esto va a ser un éxito, créeme.

Asientes, preguntándote en secreto si has entrado accidentalmente en un universo paralelo.

Mientras Jack continúa explicando emocionado su visión, te preguntas si podrás salir de esta reunión sin reírte, llorar o hacer ambas cosas al mismo tiempo.

33. ¿TE GUSTARÍA APORTAR ALGO?

Lo que realmente quieres decir:

Deja de hacer garabatos, por favor

Alternativa aprobada por RR. HH.:

¿Te gustaría aportar algo?

Escenario:

Es otra sesión de lluvia de ideas del equipo.

¿El objetivo? Una reunión productiva sobre el próximo lanzamiento del producto.

¿La realidad? Se está convirtiendo en un desastre o en el origen de tu historia como villano.

Escaneas la sala. Se están debatiendo métricas y estrategias de mercado, pero Anna, de Finanzas, no participa. Sabes que suele ser aguda, pero en este momento, está mirando fijamente la pantalla del proyector.

De hecho, ni siquiera está fingiendo prestar atención a la discusión. No, Anna está sumergida en lo que solo puede describirse como un trance de garabatos.

Su pluma se desliza por su bloc de notas con una intensidad que sugiere que está dibujando el significado de la vida misma. ¿Es una flor? ¿Un gato? ¿Un grito abstracto de ayuda?

Sea lo que sea, se está volviendo alarmantemente detallado mientras el resto del equipo lucha con las proyecciones de ventas.

Ya has tenido suficiente. El momento Picasso de Anna se siente como una protesta sutil o una señal de que está a segundos de perder la cabeza en este circo corporativo.

Brevemente consideras decir:

Anna, deja de hacer garabatos y concéntrate. No estás preparando una exposición de arte y lo único que estás dibujando es tu estrategia de salida de la carrera.

Pero no quieres ser grosero, así que simplemente optas por decir:

—Anna, ¿te gustaría aportar algo? Pareces muy... inspirada por allá.

Esperas que ella entienda que quieres decir:

33. ¿Te gustaría aportar algo?

Bueno, Anna. Deja el bolígrafo antes de que pierda lo que me queda de cordura. Tal vez podrías contribuir en lugar de diseñar la próxima tendencia artística de empleados frustrados.

Anna levanta la mirada, parpadeando como si acabara de darse cuenta de que existen otros seres humanos.

Su rostro se ilumina como si estuviera a punto de ofrecer una idea que cambiará la vida.

En cambio, dice:

¡Ah! Perdón, estaba... bueno, creo que puedo explicarlo más tarde. Pero esto podría ser totalmente el próximo logo corporativo. Algo más... funky, ¿sabes?

Tomas una respiración larga y profunda, conteniendo las ganas de lanzar el control del proyector a la órbita.

—Lo tendré en cuenta, Anna. Tal vez lo discutamos... durante la próxima reunión de finanzas.

Ella asiente, completamente despreocupada y vuelve a garabatear.

Mientras la reunión avanza a duras penas, miras la obra maestra en crecimiento de Anna y te preguntas si es una metáfora de tu vida: rodeado de caos, apenas manteniéndolo todo bajo control, mientras alguien más convierte su libreta en una galería de arte inducida por el estrés.

34. DEJEMOS ESO PARA DESPUÉS

Lo que realmente quieres decir:

No estoy de humor para estas tonterías.

Alternativa aprobada por RR. HH.:

Dejemos eso para después.

Escenario:

Estás en la recta final. El fin de semana está tan cerca que casi puedes saborear el Pinot Grigio que te espera en el refrigerador. Solo faltan cinco minutos para que termine esta reunión; es lo único que se interpone entre tú y la dulce libertad. Es entonces cuando Steve, el gurú de tecnología de IT, se aclara la garganta con la solemnidad de alguien a punto de revelar el significado de la vida.

—He estado ejecutando diagnósticos sobre nuestros puntos críticos de ancho de banda —comienza con los ojos brillantes—. ¿Qué tal si... migramos a una topología de red en malla?

Ya conoces esta canción:

- **Verso 1:** La "idea revolucionaria" de Steve (es decir, la misma propuesta del mes pasado).
- **Coro:** Promesas vagas de "conectividad perfecta".
- **Puente:** Todos fingen interesarse.
- **Final:** En realidad, nada cambia.

Estás ahí, asintiendo con educación, esforzándote al máximo para que tus ojos no se nublen porque no te interesa en lo más mínimo lo que está diciendo. No te importa. Llevas meses soportando las interminables divagaciones técnicas de Steve y ya no puedes más.

Estás a punto de decir:

Steve, no estoy de humor para estas tonterías. Tu última "solución infalible" hizo que la impresora chillara como una banshee cada vez que alguien enviaba un PDF.

Pero lo que realmente dices, eliminando toda emoción de tu voz, es:

—¡Fascinante! Dejemos eso para después y lo retomamos cuando estemos todos... *más frescos.*

Esperas que capte el sarcasmo. Sin embargo, no se da cuenta de tu lucha interna. De hecho, ya está garabateando más notas, preparándose para enviarles un correo a todos con los detalles de su "increíble idea" después de la reunión.

34. Dejemos eso para después

Cuando finalmente termina la reunión, haces un tiempo récord corriendo hacia el ascensor, solo para escuchar a Steve gritarte:

—¡Espera! ¿Mencioné la posibilidad de integración con blockchain?

Presionas el botón de "cerrar puerta" con fervor religioso. En algún lugar, una botella de vino se descorcha en señal de solidaridad.

35. POR FAVOR, LIDERA ESTE PROYECTO

Lo que realmente quieres decir:

Simplemente resuélvelo de una vez.

Alternativa aprobada por RR. HH.:

Por favor, lidera este proyecto.

Escenario:

Es jueves por la tarde y la oficina está alborotada mientras todos intentan terminar sus proyectos antes del fin de semana. Estás en una llamada con Tom, un miembro junior del equipo que simplemente no entiende. A Tom le encanta escucharse a sí mismo... y aparentemente odia Google, porque cada pregunta que hace podría resolverse en 0,3 segundos con una búsqueda.

¿La crisis de hoy? El paso cuatro de una tarea que ya le explicaste tres veces. Le enviaste instrucciones paso a paso. Incluso le hiciste una guía digna de una exhibición en un museo. Y ahora, 30 minutos después de la llamada, Tom sigue confundido.

Te estás quedando sin paciencia. Y con menos cafeína. Y la confusión interminable de Tom es la cereza del pastel de un día ya frustrante.

Quieres estallar y decirle:

Tom, simplemente resuélvelo de una vez. Te lo he explicado 50 veces. Usa tu cerebro, deja de llamarme y encárgate de ello, ¡no es ciencia espacial!

Pero recuerdas que todavía es un junior, así que, en cambio, logras mantener un tono calmado y dices:

—Tom, necesito que lideres este proyecto. Estoy seguro de que puedes tomar las riendas y llevarlo a buen puerto.

Con suerte, entenderá que quieres decir: *Tom, por favor, por el amor de todo lo sagrado, toma responsabilidad. No soy tu niñera. Estoy a dos segundos de asignarte a organizar clips de papel a tiempo completo.*

Mientras vuelves al trabajo, te preguntas cuánto tiempo pasará antes de que Tom le envíe accidentalmente un correo a toda la empresa preguntando cómo adjuntar un archivo de nuevo.

36. ECHEMOS UN VISTAZO GENERAL A LOS DOCUMENTOS

Lo que realmente quieres decir:

Sí, no voy a leer todo eso.

Alternativa aprobada por RR. HH.:

Echemos un vistazo general a los documentos.

Escenario:

Acabas de regresar de una semana gloriosa de descanso: siete días de felicidad viendo series, ignorando correos electrónicos y fingiendo que el trabajo no existía. Pero ahora estás de vuelta. En tu escritorio. Mirando una montaña de correos, cada uno más ridículo que el anterior.

Abres el primero, de Sarah, en Legal. Los correos de Sarah no son simples correos; son *novelas*. Cada detalle, cada cláusula y cada coma están meticulosamente documentados. Hay una razón por la que tiene los correos más largos de la empresa: trata cada mensaje como si fuera una disputa contractual potencial.

¿Este? Diez archivos adjuntos. Cada uno es más largo que el anterior. El correo en sí es un prólogo de tres párrafos sobre un nuevo contrato. En el segundo párrafo, ya estás cuestionando tus decisiones de vida. Para el tercer párrafo, has decidido que no hay forma de que termines esto hoy.

Realmente solo quieres escribir:

Sarah, no voy a leer todo eso. No hay forma de que me sumerja en esta novela legal ahora mismo. ¿Puedes resumirlo o, mejor aún, simplemente enviarme un mensaje cuando comience la parte interesante? Mi cerebro apenas funciona y todavía estoy en mi primer café.

Bueno, podrías decir eso, pero tienes que ser más diplomático. Tienes que jugar el juego. Estás de vuelta en la oficina, así que es hora de "profesionalizar" tu frustración.

Con eso en mente, simplemente respondes:

«Gracias por enviar esto, Sarah. Echemos un vistazo general a los documentos por ahora y profundicemos en los detalles una vez que haya entendido mejor los puntos principales».

Traducción: *Sarah, respeto tu entusiasmo, pero no voy a leer estas 87 páginas hoy. Mi cerebro aún está junto a la piscina, y prefiero limpiar el microondas de la oficina que adentrarme en esto ahora mismo. Solo dame un resumen, por favor.*

Sarah, siempre eficiente, responde en minutos:

36. Echemos un vistazo general a los documentos

—¡Claro, no hay problema! Te resumiré los puntos clave.

Un alivio te invade. Hasta que te das cuenta de que la idea de un "resumen" de Sarah probablemente sea un correo de diez párrafos detallando cada punto. Pero bueno, al menos será más corto que el documento original.

Pequeñas victorias.

Vuelves a echar un vistazo a tu bandeja de entrada y, justo cuando empiezas a contemplar usar tus días de vacaciones para el próximo año, te das cuenta de que este es solo el *primer* correo. Hay toda una montaña de estos por escalar. Tal vez la estrategia de "visión general" sea la única que te mantenga cuerdo. O al menos que te permita sobrevivir el lunes sin un ataque de nervios.

37. TODOS NECESITAMOS PONER DE NUESTRA PARTE

Lo que realmente quieres decir:

Deja de fingir que trabajas y haz algo de verdad.

Alternativa aprobada por RR. HH.:

Todos necesitamos poner de nuestra parte.

Escenario:

Es jueves por la tarde y has estado en reuniones una tras otra todo el día. La campaña que se lanza mañana ha consumido cada gota de tu energía. Estás haciendo malabares con espadas en llamas mientras caminas por la cuerda floja, intentando desesperadamente que todo no se desmorone.

Justo cuando estás a punto de tomar un respiro, entra Janine, de Operaciones, como si nada.

Janine, que vive en su propio universo, revisa su teléfono con una mano y bebe kombucha con la otra. Pasa por tu escritorio como un anuncio de Instagram consciente, completamente ajena a la fecha límite que se avecina y al pánico colectivo en el ambiente.

Estás a punto de recordarle, educadamente, que todos estamos trabajando hacia el mismo objetivo, cuando la escuchas hablar por teléfono:

—Sí, creo que necesitamos más tiempo para eso. ¿Una semana? No sé, hablemos después.

¿Más tarde? ¡La fecha límite es mañana! No hay un "más tarde". Mientras tanto, Janine está teniendo un debate filosófico sobre la gestión del tiempo mientras toma su té fermentado.

Respiras hondo, fuerzas una sonrisa educada y te acercas.

Por dentro quieres preguntarle:

Janine, ¿estás viviendo en una fantasía libre de estrés? ¿Podrías dejar de fingir que trabajas y hacer algo de verdad? ¡Quizá revisar el calendario de fechas límite en lugar de Instagram por una vez!

En realidad y con la paciencia de un monje, dices:

—Janine, todos necesitamos poner de nuestra parte aquí. La campaña se lanza mañana y necesitamos estar al 100 % concentrados. ¿Puedes enfocarte en eso? ¿La "charla" de la que hablas? Vamos a dejarla en pausa hasta que la campaña esté en marcha, ¿de acuerdo?

Janine, en medio de un sorbo de kombucha, te da un

asentimiento soñador. —Ah sí, claro, no hay problema. Terminaré mi llamada y luego me pondré manos a la obra.

Sientes que te tiembla el ojo, pero asientes de todos modos, resistiendo la tentación de golpear tu cabeza contra el escritorio.

Mientras Janine se aleja flotando para continuar su gira de negación de la fecha límite, te preguntas cómo sigue cobrando un sueldo. Tal vez, solo tal vez, cuando la campaña termine, entenderá que "más tarde" no existe cuando hay un plazo fijo al día siguiente.

38. DEBERÍAS CONTACTAR A JOHN

Lo que realmente quieres decir:

Eso fue un verdadero desastre. Vas a tener que rogar por misericordia.

Alternativa aprobada por RR. HH.:

Deberías contactar a John.

Escenario:

Entras en lo que solo puede describirse como una zona de desastre corporativo. Raúl, de Ventas, está paralizado frente al proyector, su presentación de PowerPoint aún se proyecta con orgullo en la pantalla:

«Estrategia de Ventas Corporativas» (Seguido inmediatamente por una captura de pantalla accidental de sus mensajes de Tinder).

El cliente —una cuenta importante responsable del 45 % de los ingresos— está sentado allí, con los ojos bien abiertos, con la expresión de alguien que acaba de presenciar un accidente automovilístico en cámara lenta. El último mensaje visible en la pantalla dice: «¿Estás despierto?» (con un emoji de durazno y salpicadura de agua).

Lo que sabes es que:

- Raúl estaba "revisando rápidamente su teléfono" antes de la reunión.

- De alguna manera, logró compartir toda su pantalla en lugar de su presentación cuidadosamente preparada.

El vicepresidente de Finanzas del cliente se está masajeando las sienes en silencio, como si intentara borrar los últimos minutos de su memoria.

Quieres sacudir la cabeza y decir:

Raúl, eso fue un verdadero desastre. Vas a tener que rogar por misericordia. Empieza a escribir tu testamento. Escuché que RR. HH. está buscando voluntarios para la próxima misión a Marte, tal vez consigas un asiento.

Pero no puedes decir eso. Así que cierras la laptop y dices:

—Raúl, deberías contactar a John. Ahora mismo.

Esperas que el tono de tu voz y tu mirada transmitan lo siguiente: *John, el de Legal, es el único que podría limpiar este*

38. Deberías contactar a John

desastre. Y aun así, sería un milagro. Es hora de empezar a rezar, amigo.

Raúl, con cara de haber visto un fantasma, murmura:

—¿John... el de Legal?

Asientes con una expresión completamente seria, como si le estuvieras dando el último consejo que jamás necesitará.

El vicepresidente de Finanzas del cliente se levanta, mira la pantalla una última vez y pronuncia las cinco palabras más devastadoras en la historia corporativa:

—Nos pondremos en contacto. Quizás...

Cuando la puerta se cierra tras ellos, Raúl finalmente reacciona, con el rostro pálido y tembloroso.

—¿Fue... muy grave?

Le entregas la tarjeta de John sin decir una palabra, como si fuera su última esperanza.

—Dile que estás dispuesto a mudarte. A cualquier lugar. Preferiblemente, fuera del planeta.

39. ME GUSTARÍA RETOMAR LO QUE DIJISTE

Lo que realmente quieres decir:

¿Por qué rayos estoy en esta reunión?

Alternativa aprobada por RR. HH.:

Me gustaría retomar lo que dijiste.

Escenario:

Estás sentado en la reunión semanal de estrategia, y durante los últimos 40 minutos, no ha sido más que un mar de palabras de moda, diapositivas de PowerPoint mal ejecutadas y declaraciones vagas que ni siquiera tienen sentido. El equipo está inmerso en una discusión sobre "sinergia", "pivoteo" y "aprovechar los verticales", palabras que suenan como si significaran algo, pero que tienen el impacto emocional de una esponja mojada.

Y luego está Daryl, de Finanzas. Daryl, que ha estado divagando durante los últimos 10 minutos sobre un nuevo "marco de optimización de presupuesto", un término del que estás 99 % seguro de que se lo acaba de inventar. Está dibujando círculos en la pizarra, hablando de "vectores de crecimiento" y "optimización sostenible del flujo de caja" como si tuviera el secreto del universo en sus manos.

Mientras tanto, estás 30 % desconectado y 70 % preguntándote por qué rayos estás aquí. No estás en finanzas. No estás en estrategia. La única razón por la que estás en esta reunión es que alguien copió accidentalmente a todos en la invitación del calendario y cometiste el error de principiante de aceptarla.

Mientras Daryl sigue hablando, miras tu teléfono, deseando que vibre con un mensaje de emergencia. No hay suerte. El reloj sigue avanzando y todavía quedan otros 45 minutos antes de que puedas escapar. Estás convencido de que lo único más doloroso que esta reunión es verse obligado a ver un infomercial de dos horas sobre aspiradoras.

Consideras seriamente las implicaciones de simplemente soltar:

¿Por qué diablos estoy en esta reunión? Podría estar leyendo los ingredientes en la parte de atrás de una caja de cereales, y sería un uso más productivo de mi tiempo.

Pero llegas a la conclusión de que no te gustarán las consecuencias de decir eso. Así que, mientras asientes lentamente como si estuvieras genuinamente interesado (aunque por dentro estás gritando), dices:

39. Me gustaría retomar lo que dijiste

—Me gustaría retomar lo que dijiste. Necesitamos enfocarnos en aprovechar los verticales y asegurar una sinergia maximizada...

Te detienes, dándote cuenta de que acabas de usar las mismas palabras de moda que él, pero aún con menos convicción. Piensas en las dos horas de tu vida que nunca recuperarás y te preguntas si deberías haber llamado para decir que estabas enfermo hoy.

De alguna manera, la reunión continúa, pero ya estás planeando mentalmente tu escape: directo a la salida más cercana y a una taza de café lo suficientemente fuerte como para borrar los últimos 40 minutos de tu cerebro.

40. DEJEMOS ESTO POR AHORA Y LO RETOMAMOS MÁS TARDE

Lo que realmente quieres decir:

Vete al diablo.

Alternativa aprobada por RR. HH.:

Dejemos esto por ahora y lo retomamos más tarde.

Escenario:

Es jueves por la tarde y tu equipo finalmente ha encontrado su ritmo preparándose para la gran presentación al cliente de mañana. Después de semanas de idas y venidas, reescrituras de última hora y una pequeña crisis que involucró una presentación eliminada accidentalmente, estás a punto de terminar.

Todos están concentrados. El equipo de diseño está puliendo los bocetos finales y tú estás revisando la calidad de las diapositivas. Hay una energía sagrada de "no lo arruines ahora".

40. Dejemos esto por ahora y lo retomamos más tarde

Entra Lori, la reina de las sugerencias no solicitadas y los desvíos caóticos.

Lori trabaja en otro departamento y no ha estado involucrada en el proyecto en absoluto, pero de alguna manera aparece en la puerta de la sala de conferencias con una "idea fresca".

—Estaba pensando —dice, sin que nadie la hubiera llamado—, ¿qué tal si descartan todo el formato de diapositivas y en su lugar hacen una obra de teatro interactiva en vivo? Ya saben, algo realmente diferente y disruptivo.

Te quedas helado.

¿Una obra de teatro?

Miras a tu alrededor. Nadie se mueve. Ni siquiera el pasante se atreve a respirar. Porque todos recuerdan la última vez que Lori propuso una idea como esta: involucró títeres de calcetín, danza interpretativa y una larga sesión con RR. HH.

Lori continúa, felizmente inconsciente de la tensión colectiva que ha creado:

—¡Podríamos disfrazarnos de distintos actores del proceso y representar el viaje del usuario! ¡Incluso tengo accesorios sobrantes de la despedida de soltera de mi prima!

Lo que quieres decir es:

Lori. Vete al diablo. Esto es una presentación corporativa, no una

40. Dejemos esto por ahora y lo retomamos más tarde

hora de aficionados en un club de improvisación. Toma tus accesorios de despedida de soltera y retírate.

Pero en lugar de eso, como te gusta tu trabajo y preferirías no ser el protagonista de un nuevo video obligatorio de capacitación de Recursos Humanos, pones tu mejor cara de "sonreír a pesar del pánico" y dices:

—Esa es una... idea creativa. Dejémosla en pausa por ahora y volvamos a ella después de la presentación de mañana. Por ahora, realmente necesitamos mantenernos alineados con el plan actual.

Lori te sonríe radiante, su entusiasmo está por las nubes.

—¡Totalmente! ¡Agendaré un tiempo la próxima semana para una lluvia de ideas!

Se aleja con paso tranquilo, probablemente a buscar los títeres de calcetín.

Te vuelves hacia tu equipo y susurras:

—Si saca accesorios, prendo fuego al proyector.

41. ES HORA DE PONERSE MANOS A LA OBRA

Lo que realmente quieres decir:

Deja de perder el tiempo.

Alternativa aprobada por RR. HH.:

Es hora de ponerse manos a la obra.

Escenario:

Es lunes por la mañana. Acabas de regresar de un largo fin de semana, tres gloriosos días lejos de tu bandeja de entrada, las notificaciones de *Slack* y el sonido agotador del auricular Bluetooth de tu compañera de trabajo que suena cada vez que desactiva el silencio.

Todavía estás ligeramente quemado por el sol, emocionalmente apegado a tu respuesta automática de «fuera de la oficina» y espiritualmente no preparado para lo que te espera.

Pero la realidad golpea fuerte. Tu agenda: triple reservado. Tu lista de tareas: una novela. Y tu equipo: parados como NPCs esperando una misión.

Entra Cody, la personificación humana del "retraso".

Cody se supone que debe liderar el lanzamiento del nuevo producto esta semana—ya sabes, el que ya ha sido pospuesto dos veces porque alguien "accidentalmente eliminó la carpeta de recursos" (alerta de spoiler: fue Cody).

Entra 20 minutos tarde, con un *mocha* helado en una mano y lo que parece ser un croissant a medio comer en la otra. Lleva gafas de sol adentro porque, aparentemente, Cody acaba de ser el artista principal de Coachella.

Intentas ser profesional:

—Buenos días a todos. Tenemos mucho que hacer hoy.

Cody te interrumpe como si fuera su show:

—Sí, sí, pero primero, ¿qué tal si comenzamos con un pequeño juego? Algo ligero. Vi un *TikTok* donde los equipos dibujan su aura usando crayones.

Parpadeas. Lentamente. Dos veces. Porque seguramente esto es una broma. *¿Crayones? ¿Auras? ¿En la semana del lanzamiento?*

El resto del equipo se ríe nerviosamente, como si no estuvieran seguros de si reír o llorar. Tú estás agarrando tu taza de café reutilizable como si fuera una pelota antiestrés.

41. Es hora de ponerse manos a la obra

Das un vistazo a la lista de tareas desbordada, la fecha límite que se acerca y el documento titulado:

«URGENTE_FINAL_FINAL_LANZAMIENTO_AHORA_DE_VERDAD_ESTAVEZ»

...y sabes que estás al límite.

Estás a cinco segundos de gritar:

Cody, ¡deja de hacer tonterías! Esto no es clase de arte. No hay aura. Solo hay entregas. Concéntrate antes de que te quite el privilegio del café.

Pero en el último segundo, recuerdas la política de Recursos Humanos contra el lenguaje soez en el trabajo, así que te aclaras la garganta y dices:

—Muy bien, equipo, es hora de ponernos manos a la obra. Lo primero es lo primero...

Lo dices con una sonrisa, pero tus ojos hacen la mayor parte del trabajo.

Cody se encoge de hombros, claramente sin captar el ambiente y dice:

—Total. Corramos rápido y dibujemos nuestros colores de energía después, ¿sí?

No respondes. Simplemente abres el tablero del proyecto, adelantas la fecha límite dos días y rezas en silencio a los dioses de la productividad para que intervengan.

Mientras la reunión comienza y Cody finalmente abre su laptop—probablemente para ver más *TikToks*. Así que te recuestas en tu silla y piensas:

Debí extender mi licencia. Permanentemente.

42. ME GUSTARÍA HABLAR SOBRE ESTABLECER UN EQUILIBRIO ENTRE EL TRABAJO Y LA VIDA PERSONAL

Lo que realmente quieres decir:

Estoy harto de hacer horas extras no pagadas.

Alternativa aprobada por RR. HH.:

Me gustaría hablar sobre establecer un equilibrio entre el trabajo y la vida personal.

Escenario:

Son las 6:45 a. m. de un sábado.

Estás en medio de la nada, sentado en una destartalada habitación de hotel: con papel tapiz descarapelado y luces fluorescentes que zumban como si estuvieran intentando activamente destruir tu alma.

El aire acondicionado de la habitación se descompuso hace tres horas y ahora estás cubierto de sudor, no solo por el calor, sino por la aplastante realización de que estás aquí para el "Campamento Sinergia", el retiro de la empresa.

Más exactamente, estás aquí porque saltarte el retiro no era realmente una opción. La asistencia fue "altamente recomendada", lo que todos saben que es un código para obligatorio, porque no vaya a ser que priorices el descanso sobre la "sinergia del equipo".

No asistir habría sido anotado discretamente (léase: un error que limita tu carrera), así que ahora estás donando tu fin de semana a un vínculo corporativo no remunerado disfrazado de desarrollo profesional.

Tus únicos compañeros son una camiseta endeble con el logo de la empresa y Brenda, de RR. HH., quien ya ha hecho cinco saludos al sol en el pasillo y ahora está bebiendo de un termo Yeti que dice "Levántate y trabaja".

Esperabas tener un fin de semana en el que pudieras, ya sabes, dormir hasta tarde.

Tal vez revisar tu correo en "modo silencioso" para que tu jefe no pudiera molestarte con ese plazo que es "super urgente", a pesar de que ha estado en tu calendario durante dos semanas.

Pero en cambio, estás atrapado aquí para actividades de "Formación de Equipo" que te hacen querer fingir una lesión solo para escapar.

Brenda aplaude con fuerza para llamar la atención de todos.

42. Me gustaría hablar sobre establecer un equilibrio en...

—¡Bueno, equipo! Antes de nuestra caminata matutina de gratitud, vamos a hacer un ejercicio de diario silencioso sobre "lo que el trabajo significa para nuestras almas".

Miras las notas adhesivas frente a ti. Las palabras se desdibujan mientras el calor en la habitación aumenta.

¿Tu alma? Está en algún lugar entre el piso pegajoso y el olor de los sándwiches de desayuno calentados en el microondas.

Detrás de ti, Karen, de Ventas, está discutiendo con el personal del hotel por la cafetera que —no funciona bien—, a pesar de que ni siquiera son las 7:00 a. m. y ya puedes escuchar el leve sonido de una dinámica rompehielos de "construcción de equipo" en el estacionamiento.

Sabes que solo tienes dos opciones:

- Gritar en el bosque como una banshee corporativa y arriesgarte a que te llamen la atención por —expresión emocional excesiva—, o...
- Tragarte la rabia e intentar decir algo apropiadamente profesional.

Ya puedes imaginarte cómo irá la primera opción, y probablemente involucre que grites algo como:

Brenda, estoy harto de hacer horas extras no pagadas. Pasé nueve horas anoche arreglando la hoja de cálculo de Don, mientras ustedes se relajaban con vino y juegos de confianza. ¡Y ahora, a primera hora de la mañana, me tienes atrapado en una sala de conferencias de hotel húmeda y mal ventilada, reflexionando sobre mi alma! ¡Mi alma está cansada. Mi alma quiere que la dejen en paz, no estar escribiendo en un diario como si fuera un pasante no remunerado!

Pero, en lugar de alzar la voz frente a todo el equipo (y hacer que todos se sientan incómodos), respiras hondo y dices:

—¿Sabes, Brenda? Me encantaría hablar sobre cómo establecer un equilibrio entre el trabajo y la vida personal. Creo que eso nos ayudaría a estar más energizados y ser más productivos.

Parece que el mensaje le pasa por encima, porque al instante siguiente, ella dice:

—¡Exacto! ¡Por eso haremos yoga de gratitud al mediodía! Nada dice equilibrio entre el trabajo y la vida personal como hacer la postura del perro boca abajo con 90 grados de calor y usando la camiseta de la empresa.

Asientes lentamente, tomando nota mental de facturar todo este viaje como —pago por riesgo emocional— y de actualizar tu currículum por fin.

43. NECESITAMOS MOSTRAR UN SENTIDO DE URGENCIA EN NUESTRO TRABAJO

Lo que realmente quieres decir:

Deja de ser tan flojo.

Alternativa aprobada por RR. HH.:

Necesitamos mostrar un sentido de urgencia en nuestro trabajo.

Escenario:

Estás en plena batalla contra un plazo de entrega que se acerca lentamente como un accidente en cámara lenta.

El chat grupal ha estado activo todo el día: diapositivas que se finalizan, datos que se verifican, todos revisando por tercera vez sus fórmulas de Excel porque el desastre del trimestre pasado sigue siendo una herida fresca.

Todos están estresados. Todos están concentrados.

Todos, excepto Craig.

Craig, de unos 40 y tantos años, dueño de una pequeña colección de chalecos de forro polar y, de algún modo, se ha labrado una reputación de "pensar en grande" mientras no hace absolutamente nada.

Ha estado sentado en la esquina de la oficina de planta abierta durante las últimas tres horas, viendo tutoriales de LinkedIn a todo volumen y dando consejos no solicitados como:

"¿Quizá deberíamos comenzar la presentación con una cita sobre liderazgo?". (Nadie te preguntó, Craig).

Ya has escrito el 90 % de la presentación, coordinado la información del equipo de datos, editado las diapositivas de todos y redimensionado manualmente tres logotipos porque Craig no supo cómo evitar que se estiraran hasta desaparecer.

¿Y qué está haciendo Craig ahora?

Comiendo un yogur ruidosamente, con sus AirPods puestos mientras ve una charla TED sobre "productividad".

Solo quieres acercarte a él, sacarle los AirPods y decirle:

Craig, deja de ser tan flojo. Si tengo que cargar con este equipo una vez más, voy a hacer que pongan mi nombre en el edificio de la empresa.

Pero no lo haces.

Giras en tu silla, te truenas los nudillos y canalizas a tu gerente medio interior, luego dices:

—Oye, Craig, realmente necesitamos mostrar un sentido de urgencia en nuestro trabajo en este momento. ¿Podrías encargarte de compilar las diapositivas del resumen final?

Craig parpadea. Lentamente.

Luego asiente como si le hubieras entregado la antorcha olímpica.

—Sí, sí. Puedo encargarme de eso. Solo dame un momento para, eh... retomar el tema.

Abre PowerPoint. Lo mira como si nunca hubiera visto una diapositiva antes.

Luego, naturalmente, pregunta:

—Entonces... ¿qué contenido final estamos incluyendo?

Lo miras, muerto por dentro.

—El mismo contenido que ha estado en la presentación durante la última hora, Craig.

El pasante en la esquina te envía un mensaje en silencio:

—Si vuelve a preguntar sobre el contenido, voy a voltear una pizarra.

44. PRIORICEMOS LO MÁS FÁCIL

Lo que realmente quieres decir:

Ya casi es fin de semana. Hora de relajarse.

Alternativa aprobada por RR. HH.:

Prioricemos lo más fácil.

Escenario:

El reloj marca peligrosamente cerca de las 4:00 p. m. de un viernes, y el fin de semana te está llamando. Al otro lado de la sala, Maya, de Gestión de Proyectos, hace esa cosa en la que se levanta de repente como si fuera a anunciar la cura del cáncer, pero siempre es solo otra "sincronización rápida". Esta vez, está agitando un marcador de pizarra como si fuera una batuta de director de orquesta.

—¡Equipo! —comienza—. ¡Necesitamos repasar estos últimos puntos de acción antes del final del día!

Echas un vistazo a tu lista de tareas, que actualmente dice:

- Fingir que actualizas el CRM.
- Borrar correos viejos (autopreservación).
- Practicar tu cara de "definitivamente estoy trabajando" para cuando pase el jefe.

Sientes ganas de decir:

Maya, ya casi es fin de semana. Hora de relajarse como un carrito de supermercado con una rueda tambaleante. Nadie va a correr a ningún lado, excepto al bar.

Pero como la vida corporativa te ha entrenado mejor que para hablar con demasiada franqueza, en su lugar asientes pensativamente y dices:

—Tienes toda la razón, Maya. Prioricemos lo más fácil primero.

¿El significado subyacente? *Estaré "investigando referencias de la industria" (viendo videos de gatos) hasta las 4:30 p. m., momento en el que me convertiré en uno con la puerta de salida.*

Maya, siempre optimista, aplaude.

—¡Buen punto! ¡Vamos por las victorias fáciles!

Hace un gesto hacia la pizarra, donde ha escrito: «NUESTRA ESTRATEGIA DE PENETRACIÓN» en mayúsculas, seguido de tres viñetas que dicen: «SINERGIA» en colores ligeramente diferentes.

44. Prioricemos lo más fácil

Sonríes, abres una hoja de cálculo titulada: «*MÉTRICAS URGENTES*» y la minimizas de inmediato para revisar el reloj nuevamente. Tres minutos más cerca de la libertad.

Maya, ajena a todo, ahora está diagramando algo con demasiadas flechas. Asientes, calculando mentalmente cuántos snacks caben en tu bolso para la escapada. El fin de semana está tan cerca que casi lo saboreas, y a diferencia de los "puntos de acción" de Maya, va a estar delicioso.

45. REALMENTE AGRADECERÍA QUE ME AVISARAS CON MÁS ANTICIPACIÓN PARA TAREAS COMO ESTA, ASÍ PUEDO ENFOCARME EN ENTREGAR UN TRABAJO DE CALIDAD

Lo que realmente quieres decir:

Deja de echarme mierda de último momento.

Alternativa aprobada por RR. HH.:

Realmente agradecería que me avisaras con más anticipación para tareas como esta, así puedo enfocarme en entregar un trabajo de calidad.

Escenario:

Estás en medio de tu ritual diario de "fingir que estás ocupado mientras planeas la cena" cuando Tiffany, de Relaciones con el Cliente, aparece en tu escritorio con esa energía maníaca y alegre que siempre precede al desastre. Su sonrisa es amplia, su bebida energética está medio vacía y su bolso dice «No soy mandona, solo tengo mejores ideas» en una fuente rizada agresiva.

—¡Hola, superestrella! —Trina, dejando un documento de 47 páginas sobre tu teclado—. La cuenta de Anderson necesita un pequeño retoque antes de su llamada a las 3:30 p. m. Solo un poco de corrección, algunos ajustes de formato y tal vez una revisión completa de las proyecciones financieras. ¡Eres el mejor!

Miras el documento. El "pequeño retoque" incluye

- Reescribir seis meses de notas del cliente que Tiffany aparentemente tomó en jeroglíficos.
- Reconstruir un modelo de precios completo porque alguien (Tiffany) usó la fórmula de "compra uno, lleva otro gratis" de sus cupones del fin de semana.
- Una nota adhesiva que dice "¡Haz que destaque!" sin más instrucciones.

Consideras decir:

Tiffany, deja de echarme mierda de último momento. Esto no es un "favor rápido", esto es una situación de rehenes. Lo único que va a "destacar" es mi cordura.

Pero no lo haces. En cambio, con la tranquilidad de un instructor de yoga bajo los efectos del Xanax, dices:

—Tiffany, realmente agradecería que me dieras un poco más de aviso para tareas como esta, así puedo enfocarme en entregar un trabajo de calidad. En lugar de... lo que sea esto.

Tiffany parpadea como si acabaras de insultarla.

—¡Pero es solo un retoque! ¡Como máximo 20 minutos! —dice esto con la confianza de alguien que nunca ha abierto una hoja de cálculo.

46. PARECE QUE HAY UN PROBLEMA CON EL ENFOQUE ACTUAL

Lo que realmente quieres decir:

Tú eres el maldito problema.

Alternativa aprobada por RR. HH.:

Parece que hay un problema con el enfoque actual.

Escenario:

Es martes por la mañana. Estás en tu cuarta llamada de Zoom del día y ni siquiera son las 11 a. m.

Y, sin embargo, tu presión arterial ha llegado al mismo nivel que cuando tu mamá dice —Vi algo en Facebook…

¿La causa del caos? Vanessa, de Operaciones.

Vanessa, que habla exclusivamente en términos vagos como "optimizar", "valor agregado" y "eficiencia sinérgica", sin decir nada de sustancia real.

46. Parece que hay un problema con el enfoque actual

Vanessa, que una vez —accidentalmente— borró la unidad compartida del equipo y luego envió un GIF de un cachorro con lentes de sol que decía: «¡Sigue siendo PERRIfecto!»

Vanessa, que insiste en que es una "pensadora de gran visión", lo que en realidad significa que evita el trabajo real convirtiéndolo en poesía abstracta.

¿La reunión de hoy? Un análisis post mortem de una presentación al cliente que fracasó tan estrepitosamente que dejó un cráter en la reputación de la empresa.

Todos saben por qué fracasó: Vanessa.

Secuestró la presentación con su "giro visionario", no envió las diapositivas finales hasta cuatro minutos antes de la reunión —literalmente cuando la gente estaba haciendo clic en —Unirse— y luego procedió a hablar por encima del CFO del cliente como si estuviera dando un discurso que nadie le pidió.

¿Y ahora? Vanessa —con total seriedad— interviene:

—Creo que necesitamos reevaluar el compromiso del equipo con la estrategia. La ejecución no reflejó nuestros objetivos principales.

Miras la pantalla, incrédulo, preguntándote si esto es lo que se siente al proyectarse astralmente fuera de tu cuerpo o si simplemente estás alucinando. Vanessa está calmadamente echándole la culpa a literalmente todos los demás, incluyendo al pasante, que ni siquiera estaba en el proyecto.

Realmente quieres desactivar el silencio de tu micrófono y decirle cuatro cosas claras:

Vanessa. ¡Espera! Tú eres el maldito problema. Este proyecto no falló por la 'ejecución', falló porque tu "estrategia" estaba construida completamente de jerga de LinkedIn y delirios sin fundamento.

Pero no puedes decir eso, ¿verdad? Te despedirían antes de que tuvieras la oportunidad de comprarle a tu hija ese perrito de peluche que ha estado esperando todo el mes. Así que simplemente desactivas el silencio de tu micrófono y dices:

—Vanessa, parece que hay un problema con el enfoque actual. ¿Tal vez podríamos revisar algunas de las suposiciones que hicimos al principio?

Vanessa asiente pensativamente y dice —¡Exacto! Sentía que era la única alineada con la visión.

Te silencias para evitar decir algo más. Puede que incluso apagues tu cámara por unos segundos para poder gritar en silencio en una almohada con toda tranquilidad.

Finalmente, la reunión termina y de inmediato le envías un mensaje privado a tu compañero de trabajo y compinche de tragos, James, de Marketing:

«Nuevo juego de tragos: Toma un trago cada vez que Vanessa use 'alineación' para evadir responsabilidad».

46. Parece que hay un problema con el enfoque actual

Él responde con una sola palabra:

«Hospital».

47. ME GUSTA QUE LAS COSAS SE HAGAN DE UNA MANERA PARTICULAR

Lo que realmente quieres decir:

Sé cómo hacer mi maldito trabajo.

Alternativa aprobada por RR. HH.:

Me gusta que las cosas se hagan de una manera particular.

Escenario:

Acabas de terminar una intensa llamada de equipo de una hora sobre otra solicitud "urgente" de un cliente.

Estás cansado, pero por primera vez en todo el día, las cosas parecen estar bajo control. Tareas: delegadas. Equipo: alineado. Bandeja de entrada: benditamente tranquila.

Y entonces aparece Gary, de Finanzas.

Gary, el presidente no oficial de "Opiniones No Solicitadas, S. A."

Es del tipo que confirmaría asistencia a una comida compartida y llegaría con una sola bolsa de papas fritas y, aun así, les daría una conferencia a todos sobre cómo servir sus guisos.

De alguna manera, Gary ha logrado reunir suficiente conocimiento sobre tu trabajo como para ser peligroso e irritante.

¿La obra maestra de hoy?

Se para, con las manos en las caderas, con la confianza engreída de alguien que nunca ha gestionado una fecha límite en su vida.

—Oye, estaba pensando en el presupuesto para la nueva campaña. ¿Has considerado reestructurar la línea de tiempo para evitar el apuro de fin de mes? Solo me preguntaba si lo has pensado desde una perspectiva financiera.

Puedes sentir cómo sube tu presión arterial. Gary, por supuesto, cree que una "sugerencia" es en realidad un mandato de 12 pasos que incluye hojas de cálculo, tablas dinámicas y posiblemente una danza interpretativa de ineficiencia.

Estás tentado de estallar:

Gary. Sé cómo hacer mi maldito trabajo. No necesitas "asesorarme" en mi rol. No eres tú quien equilibra fechas límite y presupuestos; soy yo. Sigue manejando las hojas de cálculo; yo tengo esto bajo control.

Porque, honestamente, lo tienes bajo control.

Has hecho esto mil veces, y si tuvieras un centavo por cada vez que Gary pensó que podía "mejorar" algo, ya estarías viviendo en una casa en la playa.

Pero no estallas. No. Tomas una respiración profunda y dices:

—Gary, agradezco la sugerencia. Sin embargo, me gusta que las cosas se hagan de una manera particular y ya hemos puesto en marcha un plan. Estoy seguro de que la línea de tiempo funcionará tal como está.

Gary, claramente sin captar la sutil indirecta, te lanza una mirada que grita: —Soy más inteligente que tú—.

Garabatea algo en su cuaderno y dice —¡Bien, solo verificando! Voy a estar pendiente de los números, por si acaso necesitas apoyo—.

¿Apoyo? ¿De Gary? Claro.

Asientes con educación, manteniendo la sonrisa en tu rostro mientras tu alma grita internamente.

Mientras Gary se aleja, intentas contener las ganas de enviarle un correo electrónico con el asunto: *Re: «Deja de microgestionar mi departamento».*

Inmediatamente abres tu calendario y agendas una "reunión de seguimiento" con tu jefe. ¿El título de la reunión? «*Cómo sobrevivir a las mejoras de procesos de Gary sin cambiar de carrera (o de universo)*».

Porque si Gary sigue "mejorando" los procesos, vas a necesitar un terapeuta o un exorcista de hojas de cálculo.

48. HABLEMOS DE ESTO FUERA DE LÍNEA

Lo que realmente quieres decir:

Realmente no me importa.

Alternativa aprobada por RR. HH.:

Hablemos de esto fuera de línea.

Escenario:

Es media tarde de un miércoles. ¿Productividad? Inexistente. Tu teléfono no deja de vibrar con recordatorios de reuniones que no recuerdas haber agendado. Tu bandeja de entrada suena tan implacablemente que parece un mini despertador recordándote que tu cordura se está escapando, con cada nuevo correo de "Pregunta rápida".

Abres el último agresor, asunto: *Pregunta rápida sobre los informes TPS.*

Es de Mike, de Marketing. Mike, quien de alguna manera ha dominado el arte de "verificar" cosas que en realidad no necesitan ser verificadas. Mike, cuyo título no oficial bien podría ser "Especialista en llenar bandejas de entrada".

Haces clic en el correo. Es una sola línea que, en circunstancias normales, habría sido una conversación de 30 segundos. En cambio, Mike ha decidido incluir a todo el equipo:

«Hola, solo quería confirmar, la fuente para los informes TPS es Calibri, ¿verdad? Además, ¿deberíamos incluir el resumen de desempeño trimestral en la sección 3 o 4?».

Miras la pantalla sin parpadear mientras tu último vestigio de paciencia hace las maletas y reserva un boleto de ida lejos de aquí. La magnitud de esta pregunta es abrumadora por su falta de importancia. La pregunta de Mike podría responderse simplemente mirando el documento. Sin embargo, aquí está él, involucrando a todo el equipo en un debate trivial que no necesita una segunda reflexión.

¿Tu primer pensamiento? Escribirle:

Mike, realmente no me importa este debate sobre la fuente. Elige una, lanza una moneda, deja que tu gato decida... Realmente no me importa. Solo deja de desperdiciar el tiempo de todos. Además, por favor, desatasca mi bandeja de entrada antes de que empiece a responder a tus correos con memes.

Pero decir eso seguramente abriría las compuertas para más correos innecesarios de Mike. Así que optas por la respuesta profesional:

48. Hablemos de esto fuera de línea

—Hola Mike, hablemos de esto fuera de línea. Avísame si necesitas ayuda para finalizarlo.

Presionas "Enviar" y de inmediato retomas el trabajo real.

¿La peor parte? Sabes que esta no será la última vez que escuchas de Mike hoy. Probablemente ya está redactando un correo sobre "sinergia" que llegará a tu bandeja de entrada cinco minutos después de este.

49. NO VEO UNA BUENA CONEXIÓN AQUÍ

Lo que realmente quieres decir:

Te odio.

Alternativa aprobada por RR. HH.:

No veo una buena conexión aquí.

Escenario:

Es jueves por la mañana y estás a punto de presentar el proyecto en el que has estado trabajando en silencio durante las últimas seis semanas. Has construido el marco, redactado el resumen, coordinado los cronogramas e incluso has creado una carpeta compartida con subcarpetas etiquetadas (lo cual es prácticamente un lenguaje de amor en la gestión de proyectos).

Todo está listo.

Y entonces, justo cuando estás abriendo tus diapositivas en la reunión del equipo, Taylor entra con un café del tamaño de un niño pequeño y dice:

—Ah, sí, esto es esa cosa en la que yo te estaba ayudando, ¿verdad?

Parpadeas. —¿Ayudando?

Taylor ni siquiera ha echado un vistazo a este proyecto. De hecho, la última vez que tocó algo relacionado con él, renombró un documento como *Final_V2_usa_esto_de_verdad_FINAL2* y accidentalmente eliminó una hoja de cálculo clave.

Aprietas la mandíbula y continúas. Pero empeora.

Después de la presentación —que fue un completo éxito porque lo hiciste increíble— Taylor envía un correo electrónico de seguimiento a los líderes con un número sospechoso de declaraciones en "nosotros" y cierra con:

«¡Emocionada de seguir impulsando esto juntos!»

Incrédulo, miras la pantalla. Tu alma se desprende brevemente de tu cuerpo. Y justo cuando crees que todo ha terminado, Taylor se acerca a tu escritorio y dice, con una sonrisa que merece su propia orden de restricción:

—Oye, escuché que hay fondos para la siguiente fase del proyecto. ¡Pensé en unirme y coliderar contigo!

Lo que quieres decir es:

49. No veo una buena conexión aquí

Taylor, te odio. No has contribuido en nada, te has apropiado del crédito como un mosquito corporativo y ahora quieres montar este proyecto como un pony de exhibición hasta llegar a un bono de desempeño. ¡Absolutamente no!

Pero en lugar de eso, inhalas profundamente por la nariz como un terapeuta que intenta no renunciar a mitad de sesión y dices:

—No veo un buen ajuste aquí... en cuanto al rol. Creo que ya estamos cubiertos, pero definitivamente te avisaré si necesitamos apoyo adicional.

Taylor se encoge de hombros, totalmente imperturbable y dice:

—Genial, genial. ¡Solo avísame! Soy excelente para arrancar cosas.

Asientes forzando una sonrisa tensa, mientras ella se aleja.

50. TE PASO LOS DETALLES MÁS TARDE

Lo que realmente quieres decir:

Vete. Estoy en un momento personal.

Alternativa aprobada por RR. HH.:

Te paso los detalles más tarde.

Escenario:

Es domingo por la mañana y, por fin, lograste escapar de los correos del trabajo, los mensajes de *Slack* y de Dave, de Ventas, enviando "recordatorios amistosos" sobre los pronósticos del Q3 al inscribirte en un retiro de yoga de fin de semana. Te prometieron paz, cuidado personal y tal vez la oportunidad de llorar en un *smoothie* de remolacha de $14 sin ser juzgada.

Estás sentada en un bloque de yoga de espuma en una sala con aroma a eucalipto, fingiendo que tu cuerpo es uno con la tierra, aunque tu tendón de la corva izquierda parece estar planeando venganza. Poco a poco, comienzas a relajarte. Con los ojos cerrados y la respiración calmada, tu cerebro no piensa en tu bandeja de entrada por primera vez en 74 horas.

Y entonces, irrumpe Lacey.

Lacey es tu compañera de trabajo excesivamente animada del equipo de éxito del cliente; de alguna manera, se enteró de este retiro y decidió que era la oportunidad perfecta para "fortalecer el equipo". Ya ha hecho tres paradas de manos y ahora se arrastra por las colchonetas de yoga como una lagartija con cafeína.

—¡OMG, hola, chica! —susurra a gritos, prácticamente lanzándose en una voltereta hacia tu burbuja sagrada de zen—. Entonces, estaba pensando, ya que estamos aquí y tenemos TODO EL DÍA, ¿quieres que después de esto repasemos esa presentación juntas? ¡Podríamos hacer una lluvia de ideas sobre nuevas propuestas de valor mientras nos desintoxicamos en el jacuzzi!

Parpadeas. Lentamente. Tu paz interior se evapora como el vapor de un jugo de remolacha sobrevalorado. No eres una con el universo, estás a un segundo de lanzar el gong de meditación por el patio.

Lacey, todavía demasiado cerca de tu cara, agrega:

—¡Ah! Y tenía algunas ideas sobre tus diapositivas de la semana pasada. Sabes, pequeños ajustes. ¡Podríamos resolverlo entre las sesiones de yoga!

Casi dices:

¡Lárgate, Lacey! Estoy en mi momento. Vine a alinear mi columna, ¡no a tensarme con el trabajo!

Pero recuerdas que Lacey es "esa chica". La que no tiene problema en reportar un asalto verbal a Recursos Humanos, aunque haya sido fuera de la oficina. Así que inhalas como si te estuvieras metiendo en el momento y dices:

—¡Claro! Te mando los detalles más tarde. Vamos a quedarnos en el presente por ahora, ¿sí?

¿Su respuesta?

—¡Sí, reina! Tienes toda la razón. *Necesitamos* quedarnos en el presente. Ugh, soy malísima en eso. Y tú estás tan centrada. Solo voy a anotar mis ideas en el teléfono rápidamente para no olvidarlas.

Saca su teléfono y comienza a teclear frenéticamente en medio de la meditación. Cierras los ojos de nuevo, no para estar consciente, sino para imaginar brevemente cómo se sentiría lanzar ese teléfono al estanque de koi más cercano.

51. CENTRÉMONOS EN SOLUCIONES REALES AQUÍ

Lo que realmente quieres decir:

Otra idea descabellada de Einstein aquí.

Alternativa aprobada por RR. HH.:

Centrémonos en soluciones reales aquí.

Escenario:

Son las 10:04 a. m. y llevas cuatro minutos de lo que se suponía que sería una reunión rápida de 15 minutos. Ya te arrepientes de no haber fingido tener una cita con el dentista.

Entra Blake, de Desarrollo de Productos. Blake, quien una vez intentó "gamificar" el sistema de solicitud de días libres convirtiéndolo en una tabla de clasificación. Hoy, regresa con una nueva idea "brillante": una iniciativa de la empresa en la que los clientes "ganan descuentos" al resolver acertijos diarios.

51. Centrémonos en soluciones reales aquí

Blake, con los ojos llenos de emoción y sosteniendo un batido de proteínas a medio tomar, dice:

—¿Y si hacemos que todos nuestros correos de bienvenida rimen? ¡Como en una búsqueda del tesoro! A la gente le encantan los acertijos.

Escuchas a alguien sorprenderse. Es Marcus, el pasante. Probablemente acaba de darse cuenta de que Blake, de hecho, no está bromeando.

Luego, Blake se dirige a la pizarra. En un arrebato de energía desenfrenada, comienza a dibujar un diagrama de flujo que se parece sospechosamente a un mapa de piratas. Tiene líneas punteadas, caminos en bucle y una "X" gigante etiquetada como "Lealtad del Cliente". Explica que cada acertijo resuelto acercaría a los clientes un paso más a descuentos exclusivos. "como una búsqueda del tesoro digital para fomentar la participación". De repente, te das cuenta de que esto no es solo una propuesta, es el próximo episodio de su misión por gamificar toda la experiencia de la empresa.

Estás pensando (probablemente incluso diciéndolo internamente): *¡Oh, cielos! Otra idea descabellada de Einstein aquí. ¿Qué sigue, bienvenida por señales de humo?*

Pero en voz alta, sacudes un poco la cabeza y dices:

—Centrémonos en soluciones reales aquí.

Blake asiente lentamente, luego agrega:

51. Centrémonos en soluciones reales aquí

—Está bien, pero ¿y si hacemos una serie de limericks como compromiso?

Bebes de tu botella de agua tan agresivamente que debería contar como una queja.

52. LO CONSULTARÉ CON LOS SUPERIORES

Lo que realmente quieres decir:

A nadie le importa este proyecto, pero voy a fingir que hago algo.

Alternativa aprobada por RR. HH.:

Lo consultaré con los superiores.

Escenario:

A mitad del miércoles, estás en tu escritorio, mirando fijamente la pantalla, tratando de encontrar la voluntad para fingir que estás ocupado.

Es entonces cuando aparece Samantha, la autoproclamada "Chamán de la Innovación", envuelta en una nube de aceites esenciales y entusiasmo fuera de lugar.

Lleva una carpeta de tres anillos etiquetada como: «Taxonomía de Archivos Disruptiva» como si fuera la maldita Piedra Rosetta, y sus ojos tienen ese brillo maníaco particular de alguien que acaba de descubrir el poder de las notas adhesivas.

—Bien, escúchame —dice, dejando caer una rueda de colores laminada titulada: «*Feng Shui para nombres de archivos*».— ¿Qué tal si rebautizamos todas nuestras carpetas compartidas para generar alegría? En lugar de 'Presupuesto Anual', podríamos tener... ¡'Carnaval de Monedas'! Y 'Contratos de Clientes' se convertiría en ¡'El Rincón de los Acuerdos'!

Hace una pausa, esperando que te quedes boquiabierto.

Estás aburrido hasta el extremo y piensas: *Samantha, a nadie le importa este proyecto. Ni a los pasantes, ni a los conserjes, ni siquiera a la araña de la oficina que vive detrás del ficus en la recepción. Preferiría lamer un cartucho de tinta que pasar un segundo "gamificando" las rutas de archivos. Pero voy a fingir que hago algo para poder volver a navegar en paz.*

Sin embargo, no compartes tus pensamientos. No. En cambio, asientes como si entendieras por completo, aunque tu cerebro acaba de salir por la puerta, y dices:

—¡Guau, Samantha! Esto es... audaz. Lo consultaré con los superiores y veremos qué piensan.

Samantha aplaude y se va feliz. Esperas hasta que está fuera de la vista y luego inmediatamente le escribes a IT por *Slack*:

—¿Puedes desactivar mi acceso a las unidades compartidas? Por... razones de seguridad.

53. INTENTEMOS ESTAR EN LA MISMA PÁGINA

Lo que realmente quieres decir:

¿Estamos hablando el mismo maldito idioma?

Alternativa aprobada por RR. HH.:

Intentemos estar en la misma página.

Escenario:

Estás atrapado en una llamada de Zoom que combina la emoción de ver secarse la pintura con la estimulación intelectual de leer el manual de un microondas.

En la pantalla, Pete, de "Habilitación de Sinergias Estratégicas" (un departamento que definitivamente no necesita existir) está en medio de un diagrama de flujo, usando palabras que suenan impresionantes, pero no significan absolutamente nada.

—Si podemos aprovechar las sinergias de nuestro ecosistema de ideación para acelerar los entregables, podremos involucrar a los interesados verticales y realmente impulsar algunos resultados innovadores.

Has estado asintiendo tanto que tu cuello oficialmente se rindió. Tu cámara está apagada, tu micrófono está silenciado y estás investigando "cómo fingir una falla de Wi-Fi sin que te descubran".

Pete hace una pausa para darle efecto dramático.

—Así que, si pudieran redirigir los elementos accionables hacia una presentación de visión proactiva usando principios de atención plena ágil, eso sería genial... ¿les parece bien?

Miras fijamente sin expresión. *¿Esto es español? ¿Alguien está tomando notas? ¿Es una broma?*

Estás muy tentado de decir: *Pete, ¿estamos hablando el mismo maldito idioma? He visto galletas de la fortuna con más sustancia que esta reunión.*

Pero lo que realmente dices, con el entusiasmo de un rehén leyendo una nota de rescate, es:

—Espera, Pete. Intentemos estar en la misma página. ¿Es posible que podamos simplificar el enfoque?

Pete asiente y dice:

—¡Perfecto! Socializaré un *roadmap* piloto beta y volveré con un marco de liderazgo de pensamiento disruptivo.

Cuando termina la reunión, te quedas pensando: *¿"Marco de liderazgo de pensamiento" es solo un código para "inventé esto en la ducha"?*

54. ¿PODRÍAS ACLARARME EL ALCANCE SI VAMOS A HACER ALGUNOS AJUSTES?

Lo que realmente quieres decir:

Deja de cambiar de opinión cada maldito minuto.

Alternativa aprobada por RR. HH.:

¿Podrías aclararme el alcance si vamos a hacer algunos ajustes?

Escenario:

Es lunes por la mañana y ya has actualizado la presentación del cliente tres veces antes de que tu computadora terminara de sincronizarse. Sentada frente a ti en la sala de conferencias está Eliza, la vicepresidenta de "Alineación Creativa", quien ha cambiado la dirección de este proyecto tantas veces que ahora califica como un patrón climático.

El viernes, quería algo audaz y contundente. Para el domingo (sí, te envió un correo electrónico un domingo), se trataba de "minimalismo y lujo discreto". Ahora, en esta reunión de las 9 a. m., sostiene un tablero de inspiración lleno de imágenes de nubes y susurra:

—Siento algo más... *elemental*. Como menos estructura, más sensación.

Has rehecho esta presentación tantas veces que estás empezando a olvidar de qué se suponía que trataba en primer lugar. Y, sin embargo, Eliza, con un batido en una mano y una energía creativa ilimitada en la otra, continúa:

—En realidad, volvamos a la primera versión... pero fusionemos partes de la tercera... y tal vez hagamos todo vertical. Y cambiemos la paleta a "atardecer suave", ya sabes, esa sensación entre un suspiro suave y el momento antes de que se forme un pensamiento.

Tienes ganas de golpear la pizarra con la cabeza y decir:

¡Deja de cambiar de opinión cada maldito minuto! Mi historial de Google Slides está empezando a parecer una escena del crimen.

Pero, en cambio, inhalas y dejas escapar el suspiro más profundo que hayas hecho jamás, y respondes:

—¿Podrías aclararme el alcance si vamos a hacer algunos ajustes?

Eliza asiente con entusiasmo, completamente inconsciente de que tu frase educada es en realidad la versión adulta de gritar en una almohada.

55. NO ES UN MAL COMIENZO, PERO CREO QUE NECESITA ALGUNOS AJUSTES. REPASÉMOSLO JUNTOS

Lo que realmente quieres decir:

¿Qué diablos es esta porquería?

Alternativa aprobada por RR. HH.:

No es un mal comienzo, pero creo que necesita algunos ajustes. Repasémoslo juntos.

Escenario:

Son las 4:57 p. m. de un jueves y estás a tres minutos de un desplazamiento sin culpa por alquileres vacacionales.

Sin embargo, recibes un mensaje en *Slack* de Callum, el analista junior que una vez dijo con orgullo que Excel era "algo así como Canva, ¿no?".

En contra de tu mejor juicio, abres el archivo que te envió: un informe que se parece menos a un resumen de desempeño trimestral y más a un proyecto de grupo de secundaria hecho a las carreras la noche anterior a la entrega.

A los gráficos de barras les faltan etiquetas. El gráfico circular tiene, de alguna manera, ocho porciones para cuatro categorías.

Y en lugar de cifras adecuadas, escribió «mucho» junto a los ingresos y «no tan bien» bajo los gastos. Incluso hay un emoji de un cohete junto a las proyecciones del tercer trimestre.

Te frotas las sienes mientras relees la diapositiva titulada *Logros del Trimestre*. No hay logros. El documento es un desastre tal que debería venir con un triángulo de advertencia amarillo brillante y un efecto de sonido de sirena.

Estás paralizado y no de asombro. Tu primer instinto, es decir:

¿Qué diablos es esta porquería?

Pero recuerdas que eres un profesional, así que canalizas cada gota de paciencia profesional en tu alma y comentas:

—No es un mal comienzo, pero creo que necesita algunos ajustes. Repasémoslo juntos.

Callum, claramente orgulloso de su obra maestra visual, responde:

—¡Oh, genial! No estaba seguro de si el cohete era demasiado.

55. No es un mal comienzo, pero creo que necesita alg... 201

Sonríes con los dientes apretados y murmuras: —Oh no, Callum. El cohete es perfecto. Vamos a lanzarnos... directo a la edición.

56. ME CUESTA ENTENDER TU LÓGICA. ¿PUEDES EXPLICAR EL RAZONAMIENTO DETRÁS DE ESTO?

Lo que realmente quieres decir:

¿Has perdido la cabeza? Esto es una locura.

Alternativa aprobada por RR. HH.:

Me cuesta entender tu lógica. ¿Puedes explicar el razonamiento detrás de esto?

Escenario:

Es lunes por la mañana y todavía estás saliendo de la neblina del fin de semana, cuando Liam, de marketing, irrumpe en la reunión del equipo con la energía que solo alguien que microdosifica el caos puede tener.

Con una sonrisa en el rostro, golpea un tablero de ánimo laminado sobre la mesa como si acabara de inventar el pan rebanado.

—Nueva idea de campaña: "Anuncia con orgullo". Rebrandeamos nuestra aplicación de planificación financiera... como un gurú del estilo de vida. Algo así como presupuestos con inteligencia emocional. Le damos a la aplicación un nombre, como Tom. "Tom te ayuda a sentir tus finanzas".

Parpadeas fuerte. No estás seguro de qué es peor: la idea en sí o el hecho de que la diapositiva del título tenga un personaje de caricatura con una pequeña chaqueta dando un pulgar hacia arriba.

¿El eslogan? Tom (la aplicación, por supuesto) dice: "No compres ese café, rey. Invierte en ti mismo".

Estás conteniendo la risa y las ganas de preguntar:

¿Has perdido la cabeza? Esto es una locura.

Pero en cambio, con la gracia de alguien que ha luchado en las trincheras de las lluvias de ideas del equipo, dices:

—Me cuesta entender tu lógica. ¿Puedes explicar el razonamiento detrás de esto?

Liam se ilumina como un árbol de Navidad.

—¡Absolutamente! La generación Z responde a la validación emocional, ¿verdad? Tom es esa validación.

Asientes lentamente mientras mentalmente redactas tu carta de renuncia y te preguntas si Tom puede apoyarte emocionalmente durante esta reunión.

57. ESTOY AL MÁXIMO DE MI CAPACIDAD CON MIS PROYECTOS ACTUALES. ¿TE GUSTARÍA QUE REASIGNE PRIORIDADES?

Lo que realmente quieres decir:

No puedo seguir con esta mierda. Me estoy ahogando en el trabajo.

Alternativa aprobada por RR. HH.:

Estoy al máximo de mi capacidad con mis proyectos actuales. ¿Te gustaría que reasigne prioridades?

Escenario:

Estás tratando de terminar tres presentaciones, aprobar dos facturas y recordar cuándo fue la última vez que comiste una verdura. Justo cuando estás a punto de cerrar tu laptop y llorar en la ducha, Jasmine, de Operaciones, se acerca con una carpeta que dice: «URGENTE» (aunque de alguna manera no lo era hasta ahora).

—¡Hola! Una cosa rápida —dice con entusiasmo, entregándote lo que parecen ser 40 páginas de hojas de cálculo y caos—. ¿Podrías terminarlo para el final del día? ¡No debería tomarte más de unas horas!

La miras como si te hubiera pedido reconstruir la Torre Eiffel usando fórmulas de Excel.

Estás a punto de colapsar y quieres decir:

No puedo seguir con esta mierda. Me estoy ahogando en el trabajo.

Pero en cambio, con una risa hueca de alguien que se sostiene a base de cafeína y un calendario de Outlook descompuesto, dices:

—Estoy al máximo de mi capacidad con mis proyectos actuales. ¿Te gustaría que reasigne prioridades?

Jasmine parpadea.

—¡Oh! ¡No sabía que estabas tan ocupado! —dice, retrocediendo como si fueras un mapache salvaje que ya no aguanta más.

Asientes, sonríes y regresas a tu pantalla, donde el cursor parpadea en silencio, juzgándote.

58. DEJEMOS ESTO EN PAUSA POR AHORA

Lo que realmente quieres decir:

¡Cierra el pico antes de que pierda la paciencia!

Alternativa aprobada por RR. HH.:

Dejemos esto en pausa por ahora.

Escenario:

Son las 9:00 a. m. Estás en una reunión de teams y tratas de mantener la positividad, pero Alice, de Marketing, no para de hablar. Ya lleva cinco minutos con un monólogo sobre cómo el equipo necesita una "estrategia de códigos QR que conecte con el propósito superior de la marca".

Nadie preguntó. Nadie entiende lo que está diciendo. Es como una sopa de palabras corporativas y, de alguna manera, está citando artículos que leyó a medias e interrumpiendo cada vez que alguien más abre la boca.

58. Dejemos esto en pausa por ahora

Intentas intervenir con algo útil, pero Alice sigue adelante, ahora cambiando de tema a los chakras y a un artículo de "Business Mindset Monthly" (que quizá ni siquiera existe).

Estás apretando la mandíbula tan fuerte que tus molares empiezan a zumbar. Tienes plazos reales, problemas reales y la voz de Alice ahora es solo jazz corporativo en tu canal auditivo.

Estás a punto de estallar:

¡Cierra el pico antes de que pierda la paciencia, Alice!

En cambio, canalizas cada onza de paz interior y dices:

—Dejemos esto en pausa por ahora.

Lo que en realidad significa: *Si dices "alineación de marca" una vez más, voy a explotar en esta silla giratoria.*

Alice sonríe orgullosa, pensando que ha aportado un valor real. Silencias tu micrófono y consideras seriamente cambiar de carrera para convertirte en pastor de cabras profesional.

59. ENTIENDO QUE HA HABIDO ALGUNOS DESAFÍOS, PERO ENFOQUÉMONOS EN SOLUCIONES PRÁCTICAS QUE MARQUEN LA DIFERENCIA

Lo que realmente quieres decir:

Ya estoy harto de tus excusas ridículas.

Alternativa aprobada por RR. HH.:

Entiendo que ha habido algunos desafíos, pero enfoquémonos en soluciones prácticas que marquen la diferencia.

Escenario:

Es jueves y Kyle llega a la reunión con la misma energía de un ciervo atrapado en los faros. Como siempre, tiene su frase característica lista: —Sí, no pude terminar la presentación porque el *Wi-Fi* de mi Airbnb en Tulum estaba fatal.

Resistes la tentación de rodar los ojos. Esta es la tercera semana consecutiva que Kyle tiene una excusa que parece sacada de un *Mad Libs*: "Me quedé fuera de mi Google Drive". "Mi perro mordió el cable de carga". "Mercurio está retrógrado".

Mientras tanto, tú y el resto del equipo han estado arrastrando este proyecto cuesta arriba como si fuera el desafío final de "*American Ninja Warrior: edición corporativa*". Todos están cansados. Todos están hartos. Kyle, sin embargo, sigue estando a un "problema técnico" de ganar el premio al empleado del mes, por el menor esfuerzo con más palabras.

Tienes ganas de decir: *¡Ya estoy harto de tus excusas ridículas!*

Pero no lo haces. Lo que realmente dices es:

—Entiendo que ha habido algunos desafíos, pero enfoquémonos en soluciones prácticas que marquen la diferencia.

¿Qué significa? *No fue tu computadora la que falló, fue tu ética de trabajo. Pongámonos las pilas antes de que pierda la voluntad de vivir.*

Kyle asiente solemnemente y de inmediato sugiere extender la fecha límite.

Sonríes con los dientes apretados, y en silencio agregas "*Wi-Fi de Tulum*" a la creciente lista de razones por las que necesitarás terapia.

60. DE AHORA EN ADELANTE

Lo que realmente quieres decir:

No me vuelvas a probar.

Alternativa aprobada por RR. HH.:

De ahora en adelante.

Escenario:

Es domingo por la tarde. Estás en el supermercado tratando de sobrevivir al caos y, con algo de suerte, conseguir algunos snacks con descuento. Finalmente estás en la fila de la caja cuando Karen, de Cuentas por Cobrar —sí, *Karen del trabajo* — aparece de la nada, agarrando una barra de pan sin gluten y malas ideas.

—¡Ah, hola! —dice con entusiasmo—. Una cosa rápida: ¿Has pensado en usar las plantillas del cliente en lugar de las tuyas? Las tuyas podrían necesitar... "alineación".

Parpadeas. No aquí. No ahora. Has defendido esas plantillas toda la semana, y ahora Karen, en medio de su compra, quiere volver a discutirlo frente a los guisantes congelados.

Realmente solo quieres decirle:

Karen, no me vuelvas a probar. He explicado que las plantillas están bien como unas 500 veces esta semana. No estoy aquí para comentarios no solicitados o consejos de vida. Déjame comprar mis snacks en paz antes de que pierda la cordura en el pasillo de los congelados.

En cambio, optas por decir:

—De ahora en adelante, asegurémonos de estar claros en el proceso de retroalimentación para las plantillas. Así podremos evitar volver a revisar las mismas decisiones repetidamente.

En secreto, esperas que interprete tus palabras como: *Karen, te lo ruego. Deja de atormentarme con este asunto de las plantillas. Comprometámonos todos a dejar mis plantillas —y mi cordura— en paz.*

¿Y qué hace ella? Sonríe como si acabaras de aceptar una reunión a las 7 a. m. y continúa:

—¡Claro! Totalmente de acuerdo. Creo que las plantillas pueden evolucionar mucho si colaboramos más de cerca en ellas.

Sonríes forzadamente, murmuras un educado "genial" y pasas tu tarjeta frenéticamente en la caja.

Pero, por supuesto, mientras tomas tus bolsas y corres hacia la salida, Karen te llama:

—Ah, oye, ¡tal vez podamos retomar el tema de las plantillas mañana por la mañana!

¡GRACIAS POR LEER ESTE LIBRO!

Espero haberte sacado al menos una risa. :)

Te agradecería muchísimo si pudieras tomarte solo 30 segundos para dejarme una reseña. Las reseñas son cruciales para el sustento de un autor y, sorprendentemente, difíciles de conseguir.

Cuantas más reseñas reciban mis libros, más podré seguir dedicándome a mi pasión por escribir. Si tienes alguna opinión sobre este libro, por favor deja una reseña y házmelo saber.

- Sam

www.ingramcontent.com/pod-product-compliance
Lightning Source LLC
Chambersburg PA
CBHW052024070526
44584CB00016B/1886